나혼자 끝내는
일본어
기초한자

나혼자 끝내는 일본어 기초한자

지은이 **황미진**
펴낸이 **임상진**
펴낸곳 (주)넥서스

초판 1쇄 발행 2018년 3월 30일
초판 7쇄 발행 2019년 1월 20일

2판 1쇄 발행 2020년 5월 25일
2판 7쇄 발행 2024년 7월 10일

출판신고 1992년 4월 3일 제311-2002-2호
주소 10880 경기도 파주시 지목로 5
전화 (02)330-5500 팩스 (02)330-5555

ISBN 979-11-6165-884-1 13730

www.nexusbook.com

나혼자 끝내는 일본어 기초한자

황미진 지음

넥서스

나혼자 끝내는 일본어 기초한자 암기 비법

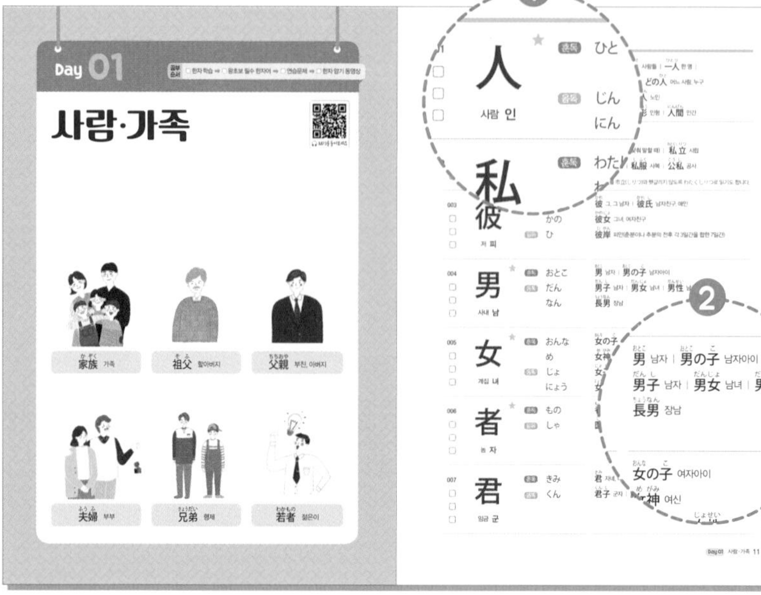

1단계 한자 음독, 훈독 확인

일본어 학급자들이 꼭 알아야 할 중요 한자들을 주제별로 정리하였습니다. 먼저 한자의 음독과 훈독 읽는 방법을 확인하세요. 왕초보 필수 한자의 옆에는 ★ 표시를 해 두었습니다.

음독과 훈독이란?

일본어 한자의 읽는 방법은 크게 음독과 훈독 두 가지로 나눌 수 있습니다. 음독은 한자의 음으로 읽는 방법이고, 훈독은 뜻으로 읽는 방법입니다. 음독과 훈독이 여러 가지인 한자도 있고, 음독만 있거나 훈독만 있는 한자도 있습니다. 음독이나 훈독에 해당하지 않고 읽는 방법이 예외적인 한자도 있습니다.

2단계 한자어 예 확인

각 음독과 훈독에 따른 한자어 예를 확인합니다. MP3로 정확한 일본어 발음을 들어 보세요. 스마트폰으로 QR코드를 스캔하면 MP3 파일을 바로 들을 수 있습니다. 넥서스 홈페이지에서도 MP3 파일을 무료로 다운받을 수 있습니다.

무료 다운 www.nexusbook.com

쓰기 노트 PDF 제공

일본어 한자를 외우기 어렵다면 넥서스에서 특별 제공하는 쓰기 노트 PDF를 다운받아 한자를 한 글자씩 따라 적어 보며 공부해 보세요.

무료 다운 www.nexusbook.com

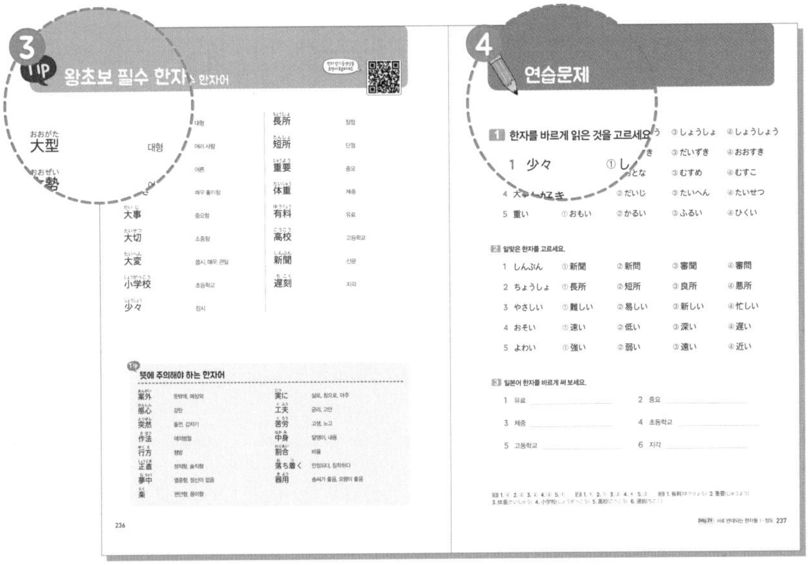

3단계 왕초보 필수 한자어 암기

한자별 예시 한자어 중에서도 꼭 알아야 할 한자어를 별도로 정리하였습니다. 기초 회화에도 자주 쓰이고 시험에도 잘 나오는 한자이니 이것만은 꼭 외워 두세요.

한자 암기 동영상

왕초보 필수 한자어가 잘 안 외워진다면 한자 암기 동영상을 반복해서 보세요. 깜빡이 학습법으로 단어를 자동 암기할 수 있도록 도와줍니다.

무료 다운 www.nexusbook.com

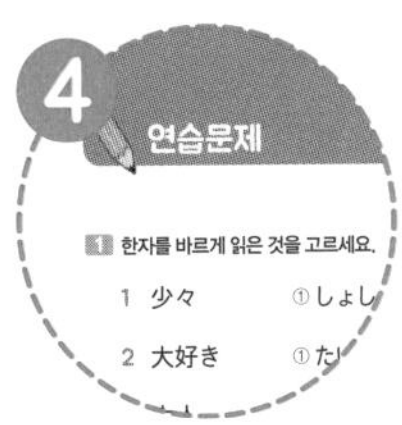

4단계 연습문제로 실력 확인

연습문제를 풀면서 실력을 확인해 보세요. 문제의 난이도는 JLPT N3 수준입니다. 객관식 문제는 JLPT 문자어휘 시험에 출제되는 유형입니다.

스마트폰으로 책 속의 QR코드를 스캔하면
MP3 파일과 **한자 암기 동영상**을 확인할 수 있어요.

MP3 파일을 들으며
정확한 발음을 확인하세요

한자 암기 동영상으로
왕초보 필수 한자어 복습!

자가진단 독학용 학습 플래너

이 책은 30일 만에 약 900개의 일본어 기초 한자를 공부할 수 있도록 구성되어 있습니다. JLPT N3~N5 수준의 한자입니다. 부록에는 일본 초등학교 상용한자 1,026자 중에서 본문에 포함되지 않은 245자도 추가 수록되어 있어, 상용한자 학습도 가능합니다. 학습 플래너에 공부한 날짜를 적고 체크 박스에 V 표시를 하며 공부하세요. 일본어 한자는 음독과 훈독에 따라 읽는 방법이 다르고, 읽는 방법이 여러 가지인 한자들도 있으니 주의하세요.

공부 순서 ☑ 한자 학습 ➡ ☐ 왕초보 필수 한자어 ➡ ☐ 연습문제 ➡ ☐ 한자 암기 동영상

Day		Page	공부한 날	복습			한자 암기 동영상
				1회	2회	3회	
01	사람·가족	10	월 일	✓	✓	✓	▶
02	일생·일상생활	19	월 일	✓	✓	✓	▶
03	신체·감각	28	월 일	✓	✓	✓	▶
04	의복·취미·성격·특징	37	월 일	✓	✓	✓	▶
05	수·순서	45	월 일	✓	✓	✓	▶

15	존재·상태	123	월 일	✓	✓	✓	
16	색깔·빛	132	월 일	✓	✓	✓	
17	인간관계·신분·계급	140	월 일	✓	✓	✓	
18	행동·자세	149	월 일	✓	✓	✓	
19	집·건물·장소	157	월 일	✓	✓	✓	
20	동물·식물	164	월 일	✓	✓	✓	
21	자연·환경	171	월 일	✓	✓	✓	
22	사회·정치·지역	179	월 일	✓	✓	✓	
23	법·범죄·파괴	187	월 일	✓	✓	✓	

24	경제·문화·예술	193	월 일	✓	✓	✓	
25	말·서적	200	월 일	✓	✓	✓	
26	교통·이동	207	월 일	✓	✓	✓	
27	건강·상업	214	월 일	✓	✓	✓	
28	범위·정도	221	월 일	✓	✓	✓	
29	서로 반대되는 한자 I	230	월 일	✓	✓	✓	
30	서로 반대되는 한자 II	238	월 일	✓	✓	✓	
부록	추가 상용한자 245자	246	월 일	✓	✓	✓	

Day 01

공부 순서 □ 한자 학습 ➡ □ 왕초보 필수 한자어 ➡ □ 연습문제 ➡ □ 한자 암기 동영상

사람·가족

MP3를 들어보세요

家族(かぞく) 가족

祖父(そふ) 할아버지

父親(ちちおや) 부친, 아버지

夫婦(ふうふ) 부부

兄弟(きょうだい) 형제

若者(わかもの) 젊은이

001 **人** ★ 사람 **인**

훈독 ひと
음독 じん / にん

人(ひと) 사람 | 人々(ひとびと) 사람들 | 一人(ひとり) 한 명 |
あの人(ひと) 저 사람 | どの人(ひと) 어느 사람, 누구
人生(じんせい) 인생 | 老人(ろうじん) 노인
人気(にんき) 인기 | 人形(にんぎょう) 인형 | 人間(にんげん) 인간

---

002 **私** 사사 **사**

훈독 わたし / わたくし
음독 し

私(わたし) 나
私(わたくし) 저(자신을 낮춰 말할 때) | 私立(わたくしりつ) 사립
私立(しりつ) 사립 | 私服(しふく) 사복 | 公私(こうし) 공사

▶私立를 市立(しりつ)와 헷갈리지 않도록 わたくしりつ로 읽기도 합니다.

---

003 **彼** 저 **피**

훈독 かれ / かの
음독 ひ

彼(かれ) 그, 그 남자 | 彼氏(かれし) 남자친구, 애인
彼女(かのじょ) 그녀, 여자친구
彼岸(ひがん) 피안(춘분이나 추분의 전후 각 3일간을 합한 7일간)

---

004 **男** ★ 사내 **남**

훈독 おとこ
음독 だん / なん

男(おとこ) 남자 | 男の子(おとこのこ) 남자아이
男子(だんし) 남자 | 男女(だんじょ) 남녀 | 男性(だんせい) 남성
長男(ちょうなん) 장남

---

005 **女** ★ 계집 **녀**

훈독 おんな / め
음독 じょ / にょう

女の子(おんなのこ) 여자아이
女神(めがみ) 여신
女子(じょし) 여자 | 女性(じょせい) 여성
女房(にょうぼう) 아내, 마누라

---

006 **者** ★ 놈 **자**

훈독 もの
음독 しゃ

者(もの) 사람, 자 | 若者(わかもの) 젊은이
医者(いしゃ) 의사 | 学者(がくしゃ) 학자 | 記者(きしゃ) 기자

---

007 **君** 임금 **군**

훈독 きみ
음독 くん

君(きみ) 자네, 너
君子(くんし) 군자 | 諸君(しょくん) 제군, 여러분

008 □ □ □

氏

성 **씨**

음독 し

~氏(し) ~씨 | 氏名(しめい) 성명, 이름

---

009 □ □ □ ★

名

이름 **명**

훈독 な

음독 めい / みょう

名前(なまえ) 이름 | 名札(なふだ) 명찰

名刺(めいし) 명함 | 名作(めいさく) 명작

名字(みょうじ) 성씨

---

010 □ □ □

誰

누구 **수**

훈독 だれ

誰(だれ) 누구 | 誰(だれ)か 누군가 | 誰(だれ)でも 누구나, 누구든지

---

011 □ □ □

老

늙을 **로**

훈독 おいる / ふける

음독 ろう

老(お)いる 늙다

老(ふ)ける 나이를 먹다, 늙다

老人(ろうじん) 노인 | 老後(ろうご) 노후

---

012 □ □ □

若

같을 **약**

훈독 わかい / もし

음독 じゃく / にゃく

若(わか)い 젊다 | 若者(わかもの) 젊은이

若(も)し 만약, 만일

老若(ろうじゃく) 노약 | 若干(じゃっかん) 약간

老若男女(ろうにゃくなんにょ) 남녀노소

▶보통 男女(남녀)는 だんじょ로 발음하나, 사자성어 男女老少(남녀노소)에서 男女는 なんにょ로 읽습니다.

---

013 □ □ □ ★

歳

해 **세**

훈독 とし

음독 さい / せい

歳(とし) 나이, 연령 예 歳(とし)を取(と)る 나이를 먹다

~歳(さい) ~살(나이) | 万歳(ばんざい) 만세

お歳暮(せいぼ) (신세 진 사람에게 보내는) 연말 선물

▶'나이'를 뜻하는 歳(とし)는 한자를 年로 쓰기도 합니다.

---

014 □ □ □ ★

友

벗 **우**

훈독 とも

음독 ゆう

友(とも) 벗 | 友達(ともだち) 친구

友情(ゆうじょう) 우정 | 友人(ゆうじん) 벗, 친구 | 親友(しんゆう) 친우, 친한 벗

015 皆 다 개
훈독 みな
음독 かい

皆(みな) 모두(= みんな) | 皆(みな)さん 여러분
皆勤賞(かいきんしょう) 개근상

016 個 낱 개
음독 こ

個人(こじん) 개인 | 個性(こせい) 개성 | 一個(いっこ) 한 개

017 各 각각 각
훈독 おのおの
음독 かく

各(おのおの) 각각
各自(かくじ) 각자 | 各種(かくしゅ) 각종 | 各地(かくち) 각지 | 各国(かっこく) 각국

018 独 ★ 홀로 독
훈독 ひとり
음독 どく

独(ひと)り 혼자
独立(どくりつ) 독립 | 孤独(こどく) 고독 | 単独(たんどく) 단독

▶ひとり를 独り라고 쓰면 '혼자'라는 뜻이고, 一人라고 쓰면 '한 명'이라는 뜻입니다.

019 他 다를 타
훈독 ほか
음독 た

他(ほか) 그 밖, 다른 것 | その他(ほか) 그 밖에
他人(たにん) 타인, 남 | 排他的(はいたてき) 배타적

020 家 ★ 집 가
훈독 いえ うち や
음독 か け

家(いえ) 집 | 家出(いえで) 가출
家(うち) 집, 가정
家(や) 집 | 家賃(やちん) 집세
家事(かじ) 가사 | 家族(かぞく) 가족 | 音楽家(おんがくか) 음악가
本家(ほんけ) 본가

▶家(いえ)는 '집'을, 家(うち)는 '가정'을 의미합니다.

021 族 겨레 족

음독 ぞく

家族(かぞく) 가족 | 水族館(すいぞくかん) 수족관 | 民族(みんぞく) 민족

022 祖 ★ 선조 조

음독 そ

祖父(そふ) 조부, 할아버지 | 祖母(そぼ) 조모, 할머니 | 祖先(そせん) 조상

예외 お祖父(じい)さん 할아버지 | お祖母(ばあ)さん 할머니

023 父 아비 부

훈독 ちち
음독 ふ

父(ちち) 아버지 | 父親(ちちおや) 부친, 아버지
父母(ふぼ) 부모

예외 お父(とう)さん 아버지 | 伯父(おじ)/叔父(おじ) 백부, 숙부

024 母 어미 모

훈독 はは
음독 ぼ

母(はは) 어머니 | 母親(ははおや) 모친, 어머니
祖母(そぼ) 조모, 할머니 | 母国(ぼこく) 모국

예외 お母(かあ)さん 어머니 | 伯母(おば)/叔母(おば) 백모, 숙모

025 夫 ★ 지아비 부

훈독 おっと
음독 ふ
ふう

夫(おっと) 남편
夫妻(ふさい) 부처, 부부 | 丈夫(じょうぶ) 튼튼함, 건강함 | 大丈夫(だいじょうぶ) 괜찮음
夫婦(ふうふ) 부부 | 工夫(くふう) 고안, 궁리

026 主 주인 주

훈독 おも
ぬし
음독 しゅ
ず

主(おも) 주됨, 주요함 | 主に(おもに) 주로
主(ぬし) 주인 | 飼い主(かいぬし) (가축, 애완동물의) 주인 | 株主(かぶぬし) 주주
主語(しゅご) 주어 | 主人(しゅじん) 남편 | 主張(しゅちょう) 주장
三日坊主(みっかぼうず) 작심삼일

027 婦 ★ 아내 부

음독 ふ

婦人(ふじん) 부인 | 主婦(しゅふ) 주부 | 夫婦(ふうふ) 부부

028 **妻** 아내 처

- 훈독 つま
- 음독 さい

妻(つま) 처, 아내

夫妻(ふさい) 부처, 부부 | 良妻賢母(りょうさいけんぼ) 현모양처

---

029 **親** ★ 친할 친

- 훈독 おや / したしい
- 음독 しん

親(おや) 부모 | 親子(おやこ) 부모 자식 | 親指(おやゆび) 엄지

親(した)しい 친하다 예 親(した)しい仲(なか) 친한 사이

親切(しんせつ) 친절 | 両親(りょうしん) 양친, 부모님

---

030 **子** ★ 아들 자

- 훈독 こ
- 음독 し / す

子(こ) 아이 | 子供(こども) 어린이 | 男(おとこ)の子(こ) 남자아이 | 息子(むすこ) 아들

女子(じょし) 여자 | 調子(ちょうし) 컨디션, 상태 | お菓子(かし) 과자 |

帽子(ぼうし) 모자

椅子(いす) 의자

---

031 **姉** 손위누이 자

- 훈독 あね
- 음독 し

姉(あね) 누나, 언니 | 姉婿(あねむこ) 매형, 자형

姉妹(しまい) 자매

예외 お姉(ねえ)さん 누나, 언니

▶お姉さん은 누나, 언니뿐 아니라 젊은 여성을 친근하게 부를 때도 씁니다.

---

032 **妹** 누이 매

- 훈독 いもうと
- 음독 まい

妹(いもうと) 여동생 | 妹(いもうと)さん 여동생분(상대방 여동생을 지칭할 때)

姉妹(しまい) 자매

---

033 **兄** ★ 형 형

- 훈독 あに
- 음독 きょう

兄(あに) 형, 오빠

兄弟(きょうだい) 형제

예외 お兄(にい)さん 형, 오빠

---

034 **弟** ★ 아우 제

- 훈독 おとうと
- 음독 だい / で

弟(おとうと) 남동생 | 弟(おとうと)さん 남동생분(상대방 남동생을 지칭할 때)

兄弟(きょうだい) 형제

弟子(でし) 제자

035 □ □ □

娘

아가씨 낭

훈독 むすめ

娘(むすめ) 딸 | 一人娘(ひとりむすめ) 외동딸 | 小娘(こむすめ) 어린 소녀, 계집애

036 □ □ □

孫

손자 손

훈독 まご

음독 そん

孫(まご) 손자 | 孫娘(まごむすめ) 손녀

子孫(しそん) 자손

Tip 가족의 호칭

	우리 가족을 남에게 말할 때	남의 가족을 말할 때	자기 가족을 부를 때
할아버지	祖父(そふ)	おじいさん	おじいさん
할머니	祖母(そぼ)	おばあさん	おばあさん
부모	両親(りょうしん)	ご両親(りょうしん)	×
아버지	父(ちち)	おとうさん	おとうさん
어머니	母(はは)	おかあさん	おかあさん
형제	兄弟(きょうだい)	ご兄弟(きょうだい)	×
언니, 누나	姉(あね)	おねえさん	おねえさん
오빠, 형	兄(あに)	おにいさん	おにいさん
여동생	妹(いもうと)	いもうとさん	이름으로 부름
남동생	弟(おとうと)	おとうとさん	이름으로 부름
아들	息子(むすこ)	むすこさん	이름으로 부름
딸	娘(むすめ)	むすめさん	이름으로 부름

Tip 왕초보 필수 한자어

한자 암기 동영상을
보면서 복습하세요

人間	にんげん	인간
人気	にんき	인기
男の子	おとこのこ	남자아이
男女	だんじょ	남녀
女の子	おんなのこ	여자아이
女性	じょせい	여성
若者	わかもの	젊은이
医者	いしゃ	의사
名前	なまえ	이름
名刺	めいし	명함
～歳	さい	～살(나이)
友達	ともだち	친구
独立	どくりつ	독립
家族	かぞく	가족
祖父	そふ	조부, 할아버지
祖母	そぼ	조모, 할머니
主婦	しゅふ	주부
親切	しんせつ	친절
両親	りょうしん	양친, 부모님
椅子	いす	의자
姉妹	しまい	자매
兄弟	きょうだい	형제

연습문제

1 한자를 바르게 읽은 것을 고르세요.

1 家族	① かそく	② かぞく	③ がそく	④ がぞく
2 夫婦	① ふふ	② ふふう	③ ふぶ	④ ふうふ
3 友達	① ともたち	② ともだち	③ どもたち	④ どもだち
4 大丈夫	① たいしょうぶ	② たいしょうふ	③ たいじょうぶ	④ だいじょうぶ
5 兄弟	① こうだい	② きょだい	③ きょうだい	④ ぎょうだい

2 알맞은 한자를 고르세요.

1 ふぼ	① 父母	② 姉妹	③ 兄弟	④ 夫婦
2 そせん	① 弟子	② 祖先	③ 孫娘	④ 夫妻
3 にんき	① 人生	② 天気	③ 人気	④ 人手
4 たにん	① 彼女	② 親切	③ 友情	④ 他人
5 こじん	① 個人	② 個性	③ 固人	④ 人間

3 일본어 한자를 바르게 써 보세요.

1 부친 ______________________　　2 남성 ______________________

3 여성 ______________________　　4 독립 ______________________

5 이름 ______________________　　6 자매 ______________________

1 1.② 2.④ 3.② 4.④ 5.③　2 1.① 2.② 3.③ 4.④ 5.①　3 1. 父親(ちちおや) 2. 男性(だんせい) 3. 女性(じょせい) 4. 独立(どくりつ) 5. 名前(なまえ) 6. 姉妹(しまい)

Day 02

공부 순서 □ 한자 학습 ➡ □ 왕초보 필수 한자어 ➡ □ 연습문제 ➡ □ 한자 암기 동영상

일생·일상생활

MP3를 들어보세요

誕生日(たんじょうび) 생일

結婚(けっこん) 결혼

祭り(まつ) 축제

休み(やす) 휴식, 휴일

掃除(そうじ) 청소

夢(ゆめ)を見(み)る 꿈을 꾸다

037 誕
태어날 **탄**

음독 たん
- 誕生(たんじょう) 탄생 | 誕生日(たんじょうび) 생일

038 生
날 **생**

훈독
- いきる: 生(い)きる 살다
- いかす: 生(い)かす 살리다
- いける: 生(い)ける 꽃꽂이하다
- うむ: 生(う)む 낳다 예 子(こ)を生(う)む 아이를 낳다
- うまれる: 生(う)まれる 태어나다 | ～年生(ねんう)まれ ～년생
  예 赤(あか)ちゃんが生(う)まれる 아기가 태어나다
- はえる: 生(は)える 돋아나다
- はやす: 生(は)やす 기르다
- なま: 生(なま) 날것, 생 | 生卵(なまたまご) 날달걀
- おう: 生(お)い立(た)ち 성장

음독
- せい: 生活(せいかつ) 생활 | 人生(じんせい) 인생 | 留学生(りゅうがくせい) 유학생
- しょう: 一生懸命(いっしょうけんめい) 열심히 함

039 出 ★
날 **출**

훈독
- でる: 出(で)る 나오다, 나가다 | 出会(であ)う 만나다 | 出(で)かける 외출하다 | 出迎(でむか)え 마중 | 出口(でぐち) 출구
- だす: 出(だ)す 꺼내다 | 引(ひ)き出(だ)し 서랍

음독
- しゅつ: 輸出(ゆしゅつ) 수출 | 出張(しゅっちょう) 출장 | 出発(しゅっぱつ) 출발

040 産
낳을 **산**

훈독
- うむ: 産(う)む 낳다
- うまれる: 産(う)まれる 태어나다

음독
- さん: 産業(さんぎょう) 산업 | 出産(しゅっさん) 출산 | 不動産屋(ふどうさんや) 부동산

▶生む는 생명체 출생이나 없는 것을 새롭게 만들 때, 産む는 생명체의 출생에만 사용합니다.

よい結果(けっか)を生(う)む 좋은 결과를 낳다(나오다)

女(おんな)の子(こ)を産(う)む 여자아이를 낳다

041 **結** ★ 맺을 결

□ □ □

훈독 むすぶ
음독 けつ

結ぶ(むすぶ) 묶다, 맺다 예 紐を結ぶ(ひもをむすぶ) 끈을 묶다

結末(けつまつ) 결말 | 結論(けつろん) 결론 |

結果(けっか) 결과 | 結局(けっきょく) 결국 | 結婚(けっこん) 결혼

---

042 **婚** 혼인할 혼

□ □ □

음독 こん

婚約(こんやく) 혼약 | 新婚(しんこん) 신혼 | 離婚(りこん) 이혼

---

043 **儀** 거동 의

□ □ □

음독 ぎ

儀式(ぎしき) 의식 | 礼儀(れいぎ) 예의 | お辞儀(おじぎ) 고개 숙여 하는 인사

---

044 **式** 법 식

□ □ □

음독 しき

式(しき) 식, 의식 예 式をあげる(しきをあげる) 식을 올리다 |

式場(しきじょう) 식장 | 形式(けいしき) 형식 | 結婚式(けっこんしき) 결혼식 | 様式(ようしき) 양식

---

045 **暮** 저물 모

□ □ □

훈독 くれる
くらす
음독 ぼ

暮れる(くれる) 저물다, 해가 지다 | 夕暮れ(ゆうぐれ) 해질 녘

暮らす(くらす) 살다 예 幸せに暮らす(しあわせにくらす) 행복하게 살다

お歳暮(おせいぼ) (신세 진 사람에게 보내는) 연말 선물

---

046 **死** 죽을 사

□ □ □

훈독 しぬ
음독 し

死ぬ(しぬ) 죽다

死亡(しぼう) 사망 | 死活(しかつ) 사활 | 必死(ひっし) 필사

---

047 **祭** 제사 제

□ □ □

훈독 まつり
まつる
음독 さい

祭り(まつり) 축제 | 雪祭り(ゆきまつり) 눈 축제

祭る(まつる) 제사를 지내다

祭日(さいじつ) 제삿날 | 文化祭(ぶんかさい) 문화제 | 前夜祭(ぜんやさい) 전야제

048 ☐ ☐ ☐

起 ★

일어날 기

훈독 おこす / おきる / おこる

음독 き

起(お)こす 깨우다 예 子供(こども)を起(お)こす 아이를 깨우다

起(お)きる 일어나다 | 早起(はやお)き 일찍 일어남

起(お)こる 발생하다 예 事件(じけん)が起(お)こる 사건이 발생하다

起立(きりつ) 기립 | 起点(きてん) 기점

---

049 ☐ ☐ ☐

寝

잘 침

훈독 ねる

음독 しん

寝(ね)る 자다, 눕다 | 寝坊(ねぼう) 늦잠 | 昼寝(ひるね) 낮잠

寝室(しんしつ) 침실 | 寝台車(しんだいしゃ) 침대차

---

050 ☐ ☐ ☐

眠

잘 면

훈독 ねむい / ねむる

음독 みん

眠(ねむ)い 졸리다

眠(ねむ)る 자다, 잠들다

睡眠(すいみん) 수면 | 不眠症(ふみんしょう) 불면증

---

051 ☐ ☐ ☐

夢 ★

꿈 몽

훈독 ゆめ

음독 む

夢(ゆめ) 꿈 예 夢(ゆめ)を見(み)る 꿈을 꾸다

夢中(むちゅう) 꿈속, 열중하여 제정신이 아님 | 悪夢(あくむ) 악몽

---

052 ☐ ☐ ☐

見 ★

볼 견

훈독 みる

見(み)る 보다 | 見送(みおく)る 배웅하다 | 見(み)つかる 발견되다 |

見(み)つける 발견하다 | 見所(みどころ) 볼 만한 곳 | お見舞(みま)い 병문안

훈독 みえる

見(み)える 보이다 예 山(やま)がよく見(み)える 산이 잘 보인다

훈독 みせる

見(み)せる 보여 주다

예 ちょっと見(み)せてください 좀 보여 주세요

음독 けん

見学(けんがく) 견학 | 見当(けんとう) 짐작 | 見物(けんぶつ) 구경 |

拝見(はいけん)する 見(み)る(보다)의 겸양어

---

053 ☐ ☐ ☐

浴 ★

목욕할 욕

훈독 あびる

음독 よく

浴(あ)びる 끼얹다, 뒤집어쓰다 예 シャワーを浴(あ)びる 샤워하다

日光浴(にっこうよく) 일광욕 | 入浴(にゅうよく) 입욕 | 浴室(よくしつ) 욕실

054 呂 성씨 려

음독 ろ

風呂(ふろ) 목욕, 목욕통 | 露天風呂(ろてんぶろ) 노천탕

예 風呂(ふろ)に入(はい)る 목욕하다

055 活 살 활

훈독 いかす

음독 かつ

活(い)かす 살리다 예 才能(さいのう)を活(い)かす 재능을 살리다

活動(かつどう) 활동 | 生活(せいかつ) 생활 | 活発(かっぱつ) 활발

056 使 ★ 부릴 사

훈독 つかう

음독 し

使(つか)う 사용하다 | 使(つか)い方(かた) 사용법 | 使(つか)い道(みち) 용도

使用(しよう) 사용 | 大使館(たいしかん) 대사관

057 用 쓸 용

훈독 もちいる

음독 よう

用(もち)いる 사용하다 예 道具(どうぐ)を用(もち)いる 도구를 사용하다

用意(ようい) 준비 | 用事(ようじ) 볼일 | 利用(りよう) 이용

058 作 지을 작

훈독 つくる

음독 さく / さ

作(つく)る 만들다 | 作(つく)り話(ばなし) 꾸며 낸 이야기 | 手作(てづく)り 손수 만듦

作品(さくひん) 작품 | 作文(さくぶん) 작문

作業(さぎょう) 작업 | 作動(さどう) 작동

059 休 ★ 쉴 휴

훈독 やすむ

休(やす)む 쉬다 | 休(やす)み 휴식, 휴일 | 休(やす)み時間(じかん) 쉬는 시간 |

夏休(なつやす)み 여름 방학, 여름휴가

やすまる

休(やす)まる 편안해지다 예 気(き)が休(やす)まる 마음이 편안해지다

やすめる

休(やす)める 쉬게 하다 예 頭(あたま)を休(やす)める 머리를 식히다

음독 きゅう

休日(きゅうじつ) 휴일 | 休憩(きゅうけい) 휴게 | 休館(きゅうかん) 휴관

060 **遊** 놀 유
□ □ □

훈독 あそぶ
음독 ゆう

遊(あそ)ぶ 놀다 | **遊(あそ)び場(ば)** 놀이터
遊園地(ゆうえんち) 유원지 | **遊覧船(ゆうらんせん)** 유람선

---

061 **選** 가릴 선
□ □ □

훈독 えらぶ
음독 せん

選(えら)ぶ 고르다, 선택하다 예 代表(だいひょう)を選(えら)ぶ 대표를 뽑다
選挙(せんきょ) 선거 | **選手(せんしゅ)** 선수 | **選択(せんたく)** 선택

---

062 **磨** 갈 마
□ □ □

훈독 みがく
음독 ま

磨(みが)く 닦다 예 歯(は)を磨(みが)く 이를 닦다
磨耗(まもう) 마모

---

063 **掃** 쓸 소
□ □ □

훈독 はく
음독 そう

掃(は)く 쓸다 예 床(ゆか)を掃(は)く (마룻)바닥을 쓸다
掃除(そうじ) 청소 | **清掃(せいそう)** 청소

---

064 **注** ★ 부을 주
□ □ □

훈독 そそぐ
음독 ちゅう

注(そそ)ぐ 흘러들다, 쏟다, 흘리다 예 水(みず)を注(そそ)ぐ 물을 따르다
注意(ちゅうい) 주의 | **注射(ちゅうしゃ)** 주사 | **注文(ちゅうもん)** 주문

---

065 **付** 줄 부
□ □ □

훈독 つける
つく
음독 ふ

付(つ)ける 붙이다, 켜다 예 電気(でんき)を付(つ)ける 불을 켜다
付(つ)く 붙다, 켜지다
付近(ふきん) 부근 | **寄付(きふ)** 기부 | **添付(てんぷ)** 첨부

---

066 **消** ★ 사라질 소
□ □ □

훈독 けす
きえる
음독 しょう

消(け)す 끄다, 지우다 예 電気(でんき)を消(け)す 불을 끄다
消(き)える 꺼지다, 사라지다
消化(しょうか) 소화 | **消極的(しょうきょくてき)** 소극적 | **消費(しょうひ)** 소비

067 ☐ ☐ ☐

慣

익숙할 관 ★

훈독 なれる

음독 かん

慣(な)れる 익숙해지다

예 新(あたら)しい生活(せいかつ)に慣(な)れる 새로운 생활에 익숙해지다

慣習(かんしゅう) 관습 | 慣用(かんよう) 관용 | 習慣(しゅうかん) 습관

---

068 ☐ ☐ ☐

留

머무를 류 ★

훈독 とめる
とまる

음독 りゅう
る

留(と)める 고정시키다, 끼우다 예 ボタンを留(と)める 단추를 채우다

留(と)まる 고정되다

留学(りゅうがく) 유학 | 留年(りゅうねん) 유급 | 保留(ほりゅう) 보류

留守(るす) 부재중 | 留守番電話(るすばんでんわ) 부재중 전화

---

069 ☐ ☐ ☐

泊

머무를 박 ★

훈독 とめる
とまる

음독 はく

泊(と)める 묵게 하다, 재우다

泊(と)まる 숙박하다 예 ホテルに泊(と)まる 호텔에 묵다

宿泊(しゅくはく) 숙박 | 外泊(がいはく) 외박 | 1泊(いっぱく)2日(ふつか) 1박 2일

Tip

일상생활 동작 표현

朝早(あさはや)く起(お)きる	아침 일찍 일어나다	テレビを見(み)る	텔레비전을 보다
歯(は)を磨(みが)く	이를 닦다	本(ほん)を読(よ)む	책을 읽다
顔(かお)を洗(あら)う	세수하다	音楽(おんがく)を聞(き)く	음악을 듣다
ご飯(はん)を食(た)べる	밥을 먹다	料理(りょうり)をする	요리를 하다
服(ふく)を着(き)る	옷을 입다	宿題(しゅくだい)をする	숙제를 하다
学校(がっこう)に行(い)く	학교에 가다	一生懸命(いっしょうけんめい)に勉強(べんきょう)する	열심히 공부하다
会社(かいしゃ)で働(はたら)く	회사에서 일하다	お風呂(ふろ)に入(はい)る	목욕하다
家(うち)に帰(かえ)る	집에 돌아오다	シャワーを浴(あ)びる	샤워를 하다
友達(ともだち)に会(あ)う	친구를 만나다	11時(じゅういちじ)に寝(ね)る	11시에 자다

Tip 왕초보 필수 한자어

한자 암기 동영상을 보면서 복습하세요

たんじょうび	誕生日	생일
せいかつ	生活	생활
りゅうがくせい	留学生	유학생
いっしょうけんめい	一生懸命	열심히 함
でぐち	出口	출구
しゅっぱつ	出発	출발
けっこん	結婚	결혼
しぼう	死亡	사망
みまい	お見舞い	병문안
けんぶつ	見物	구경
ふろ	風呂	목욕, 목욕통
つかかた	使い方	사용법
ゆうえんち	遊園地	유원지
きゅうじつ	休日	휴일
せんたく	選択	선택
そうじ	掃除	청소
ちゅうもん	注文	주문
しょうひ	消費	소비
しゅうかん	習慣	습관
るすばんでんわ	留守番電話	부재중 전화
しゅくはく	宿泊	숙박

연습문제

1 한자를 바르게 읽은 것을 고르세요.

1	誕生日	① たんぞうび	② たんじょうび	③ だんぞうひ	④ だんじょうび
2	結婚	① けこん	② げこん	③ けっこん	④ げっごん
3	料理	① りょり	② ろうり	③ りょうり	④ りゅうり
4	掃除	① そうじ	② しょうじ	③ そうぜ	④ しょじ
5	留守	① りゅうがく	② ほりゅう	③ りゅうねん	④ るす

2 알맞은 한자를 고르세요.

1	まつり	① 際り	② 祭り	③ 司り	④ 式り
2	せいかつ	① 活動	② 活発	③ 先生	④ 生活
3	ふろ	① 浴室	② 風呂	③ 露天	④ 入浴
4	がいはく	① 外泊	② 宿泊	③ 海外	④ 外国
5	しゅっぱつ	① 出張	② 出発	③ 出産	④ 出口

3 일본어 한자를 바르게 써 보세요.

1 꿈 ____________ 2 습관 ____________

3 견학 ____________ 4 사용 ____________

5 주의 ____________ 6 주문 ____________

1 1. ② 2. ③ 3. ③ 4. ① 5. ④ **2** 1. ② 2. ④ 3. ② 4. ① 5. ② **3** 1. 夢(ゆめ) 2. 習慣(しゅうかん) 3. 見学(けんがく) 4. 使用(しよう) 5. 注意(ちゅうい) 6. 注文(ちゅうもん)

Day 03

공부 순서 □ 한자 학습 ➡ □ 왕초보 필수 한자어 ➡ □ 연습문제 ➡ □ 한자 암기 동영상

신체·감각

MP3를 들어보세요

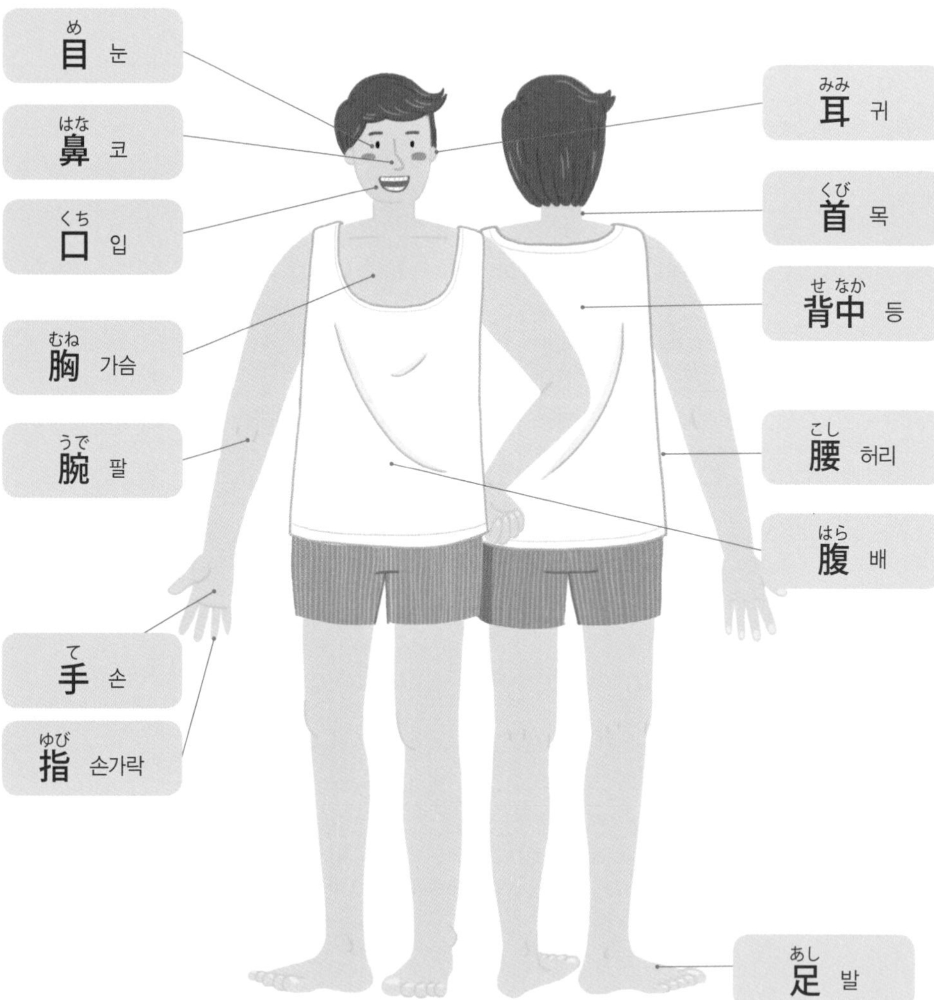

070 体 몸 체

훈독 からだ
음독 たい

体(からだ) 몸 | 体つき(からだつき) 몸매
体育(たいいく) 체육 | 体型(たいけい) 체형 | 体力(たいりょく) 체력 | 全体(ぜんたい) 전체

071 力 ★ 힘 력

훈독 ちから
음독 りょく / りき

力(ちから) 힘
重力(じゅうりょく) 중력 | 全力(ぜんりょく) 전력 | 努力(どりょく) 노력
力士(りきし) 스모 선수 | 力量(りきりょう) 역량 | 自力(じりき) 자력

072 頭 머리 두

훈독 あたま / かしら
음독 とう / ず

頭(あたま) 머리
頭(かしら) 머리, 우두머리 | 頭文字(かしらもじ) 머리글자
先頭(せんとう) 선두 | 念頭(ねんとう) 염두 | 到頭(とうとう) 드디어, 마침내
頭痛(ずつう) 두통

073 脳 ★ 머리 뇌

음독 のう

脳出血(のうしゅっけつ) 뇌출혈 | 首脳(しゅのう) 수뇌 | 頭脳(ずのう) 두뇌

074 毛 털 모

훈독 け
음독 もう

毛(け) 털 | 髪の毛(かみのけ) 머리카락
毛髪(もうはつ) 모발 | 毛布(もうふ) 모포, 담요 | 脱毛(だつもう) 탈모

075 髪 ★ 머리 발

훈독 かみ
음독 はつ

髪(かみ) 머리카락 | 髪型(かみがた) 머리 모양
理髪店(りはつてん) 이발소 | 茶髪(ちゃぱつ) 갈색 염색 머리
예외 白髪(しらが) 백발, 흰머리

076 顔 얼굴 안

훈독 かお
음독 がん

顔(かお) 얼굴 | 顔色(かおいろ) 얼굴색, 안색 | 笑顔(えがお) 웃는 얼굴
顔面(がんめん) 안면 | 洗顔(せんがん) 세안 | 童顔(どうがん) 동안

077 **目** ★
눈 목
훈독 め, ま
음독 もく, ぼく

目(め) 눈 | 目玉(めだま) 눈동자 | 目上(めうえ) 손윗사람
目の当たり(まのあたり) 눈앞
目的地(もくてきち) 목적지 | 目標(もくひょう) 목표
面目(めんぼく) 면목

078 **鼻** ★
코 비
훈독 はな
음독 び

鼻(はな) 코 | 鼻血(はなぢ) 코피 | 鼻水(はなみず) 콧물
鼻音(びおん) 비음 | 耳鼻科(じびか) 이비인후과(= 耳鼻咽喉科(じびいんこうか))

079 **口**
입 구
훈독 くち
음독 こう, く

口(くち) 입 | 口笛(くちぶえ) 휘파람 | 早口(はやくち) 말이 빠름
口実(こうじつ) 구실 | 人口(じんこう) 인구
口調(くちょう) 어조

080 **舌**
혀 설
훈독 した
음독 ぜつ

舌(した) 혀 | 舌打ち(したうち) 혀를 참
毒舌(どくぜつ) 독설

081 **歯**
이 치
훈독 は
음독 し

歯(は) 치아 | 歯茎(はぐき) 잇몸 | 歯磨き(はみがき) 양치질 | 虫歯(むしば) 충치
歯科(しか) 치과

082 **喉**
목구멍 후
훈독 のど
음독 こう

喉(のど) 목구멍
喉頭(こうとう) 후두

083 **耳**
귀 이
훈독 みみ
음독 じ

耳(みみ) 귀 | 耳打ち(みみうち) 귀엣말, 귓속말 | 初耳(はつみみ) 처음 들음
耳鼻科(じびか) 이비인후과(= 耳鼻咽喉科(じびいんこうか)) | 耳目(じもく) 이목

084 首 (머리 수)

□ □ □

- 훈독: くび
- 음독: しゅ

首(くび) 목 | 足首(あしくび) 발목 | 手首(てくび) 손목
首相(しゅしょう) 수상 | 首都(しゅと) 수도 | 部首(ぶしゅ) 부수

---

085 手 ★ (손 수)

□ □ □

- 훈독: て, た
- 음독: しゅ

手(て) 손 | 手紙(てがみ) 편지 | 手伝う(てつだう) 돕다 | 手袋(てぶくろ) 장갑
下手(へた) 서투름, 잘 못함
歌手(かしゅ) 가수 | 握手(あくしゅ) 악수 | 運転手(うんてんしゅ) 운전수
예외 上手(じょうず) 능숙함, 잘함

---

086 腕 (팔 완)

□ □ □

- 훈독: うで
- 음독: わん

腕(うで) 팔 | 腕前(うでまえ) 솜씨, 재주 | 腕相撲(うでずもう) 팔씨름
腕白(わんぱく) 장난꾸러기 | 腕力(わんりょく) 완력 | 手腕(しゅわん) 수완

---

087 指 ★ (손가락 지)

□ □ □

- 훈독: ゆび, さす
- 음독: し

指(ゆび) 손가락 | 指輪(ゆびわ) 반지
指す(さす) 가리키다 | 目指す(めざす) 목표로 하다, 지향하다
指示(しじ) 지시 | 指揮(しき) 지휘 | 指導(しどう) 지도

---

088 足 ★ (발 족)

□ □ □

- 훈독: あし, たりる, たす
- 음독: そく

足(あし) 발 | 足音(あしおと) 발소리
足りる(たりる) 충분하다, 족하다 | 足りない(たりない) 부족하다
足す(たす) 더하다 | 足し算(たしざん) 덧셈
遠足(えんそく) 소풍 | 不足(ふそく) 부족 | 満足(まんぞく) 만족

---

089 胸 (가슴 흉)

□ □ □

- 훈독: むね
- 음독: きょう

胸(むね) 가슴 | 胸毛(むなげ) 가슴 털
胸部(きょうぶ) 흉부 | 度胸(どきょう) 담력, 배짱

▶胸毛(むなげ)는 む+ねけ에서 발음이 변화한 것입니다.

---

090 腹 (배 복)

□ □ □

- 훈독: はら
- 음독: ふく

腹(はら) 배 예 腹(はら)が立(た)つ 화가 나다
腹部(ふくぶ) 복부 | 空腹(くうふく) 공복 | 満腹(まんぷく) 배부름

▶신체 부위인 '배'는 보통 お腹(なか)라고 합니다.
お腹(なか)が痛(いた)い 배가 아프다

091 **腰**
허리 **요**
- 훈독 こし
- 음독 よう

腰(こし) 허리 예 腰(こし)を下(お)ろす 앉다
腰痛(ようつう) 요통

092 **背** ★
등 **배**
- 훈독 せ / そむける
- 음독 はい

背(せ) 등, 키 | 背中(せなか) 등 예 背(せ)が高(たか)い 키가 크다
背(そむ)ける 돌리다, 외면하다
背景(はいけい) 배경

093 **骨**
뼈 **골**
- 훈독 ほね
- 음독 こつ

骨(ほね) 뼈
露骨(ろこつ) 노골적 | 骨格(こっかく) 골격 | 骨折(こっせつ) 골절

094 **胃**
위장 **위**
- 음독 い

胃(い) 위 | 胃炎(いえん) 위염 | 胃腸(いちょう) 위장

095 **汗**
땀 **한**
- 훈독 あせ
- 음독 かん

汗(あせ) 땀 예 汗(あせ)をかく 땀을 흘리다
発汗(はっかん) 발한

096 **血**
피 **혈**
- 훈독 ち
- 음독 けつ

血(ち) 피 | 血(ち)だらけ 피투성이
血圧(けつあつ) 혈압 | 血液型(けつえきがた) 혈액형 | 貧血(ひんけつ) 빈혈

097 **感** ★
느낄 **감**
- 음독 かん

感謝(かんしゃ) 감사 | 感情(かんじょう) 감정 | 感動(かんどう) 감동 |
感(かん)じる 느끼다 예 寒(さむ)さを感(かん)じる 추위를 느끼다

098 ☐ ☐ ☐

覚 ★

깨달을 **각**

훈독 おぼえる / さめる / さます
음독 かく

覚(おぼ)える 외우다, 기억하다 예 単語(たんご)を覚(おぼ)える 단어를 외우다
覚(さ)める 깨다 예 目(め)が覚(さ)める 잠이 깨다, 정신이 들다
覚(さ)ます 깨우다 | **目覚(めざ)まし時計(どけい)** 알람 시계
覚悟(かくご) 각오 | **感覚(かんかく)** 감각 | **自覚(じかく)** 자각

---

099 ☐ ☐ ☐

観 ★

볼 **관**

훈독 みる
음독 かん

観(み)る 보다 예 映画(えいが)を観(み)る 영화를 보다
観客(かんきゃく) 관객 | **観光(かんこう)** 관광 | **観覧(かんらん)** 관람

▶観る는 연극, 스포츠, 미술 작품 등을 관람하거나 관광 등 의식해서 주위를 둘러볼 때 쓰입니다.

---

100 ☐ ☐ ☐

察 ★

살필 **찰**

음독 さつ

観察(かんさつ) 관찰 | **警察(けいさつ)** 경찰 | **診察(しんさつ)** 진찰 |
察(さっ)する 헤아리다, 살피다
예 気持(きも)ちを察(さっ)する 마음을 헤아리다

---

101 ☐ ☐ ☐

視

볼 **시**

음독 し

視線(しせん) 시선 | **視聴覚(しちょうかく)** 시청각 | **重視(じゅうし)** 중시 | **無視(むし)** 무시

---

102 ☐ ☐ ☐

聴

들을 **청**

훈독 きく
음독 ちょう

聴(き)く 듣다
聴解(ちょうかい) 청해 | **聴衆(ちょうしゅう)** 청중

▶聞く는 듣는다는 의미로 모든 부분에 다 사용하는 반면, 聴く는 주로 음악이나 강의를 듣는다는 의미로 사용합니다.

---

103 ☐ ☐ ☐

音

소리 **음**

훈독 おと / ね
음독 おん

音(おと) 소리 | **物音(ものおと)** (무슨) 소리
音色(ねいろ) 음색
音楽(おんがく) 음악 | **発音(はつおん)** 발음 | **騒音(そうおん)** 소음

---

104 ☐ ☐ ☐

声 ★

소리 **성**

훈독 こえ
음독 せい

声(こえ) 목소리 | **歌声(うたごえ)** 노랫소리 | **大声(おおごえ)** 큰 소리
声楽(せいがく) 성악 | **声優(せいゆう)** 성우 | **音声(おんせい)** 음성

105 ☐ ☐ ☐

聞 ★

들을 문

훈독 きく / きこえる

음독 ぶん / もん

聞く 듣다, 묻다 | 聞き取り 듣기, 청해

聞こえる 들리다

新聞 신문 | 見聞 견문

聴聞会 청문회

---

106 ☐ ☐ ☐

響

울릴 향

훈독 ひびく

음독 きょう

響く 울리다 예 声が響く 소리가 울리다

影響 영향 | 音響 음향

---

107 ☐ ☐ ☐

触 ★

닿을 촉

훈독 ふれる / さわる

음독 しょく

触れる 닿다, 접촉하다 예 手が触れる 손이 닿다

触る 만지다, 손대다

感触 감촉 | 接触 접촉

---

108 ☐ ☐ ☐

香

향기 향

훈독 かおる

음독 こう

香る 향기가 나다 | 香り 향기

香水 향수 | 香辛料 향신료

Tip

신체 관용 표현

頭が下がる	머리가 수그러지다(존경하는 마음이 들다)
目が高い	(분별하는) 안목이 높다
目がない	보는 눈이 없다
顔が広い	발이 넓다
耳にする	(소문 등을) 듣다
鼻に付く	싫어지다, 진력나다
口が堅い	입이 무겁다
口に合う	입맛에 맞다
腕が上がる	솜씨가 늘다
腹が立つ	화가 나다
身に付く	몸에 배다, 자기 것이 되다

Tip 왕초보 필수 한자어

한자 암기 동영상을 보면서 복습하세요

ずつう	頭痛	두통
もうふ	毛布	모포, 담요
えがお	笑顔	웃는 얼굴
めうえ	目上	손윗사람
もくひょう	目標	목표
じんこう	人口	인구
むしば	虫歯	충치
てがみ	手紙	편지
かしゅ	歌手	가수
ゆびわ	指輪	반지
しじ	指示	지시
えんそく	遠足	소풍
せ たか	背が高い	키가 크다
はいけい	背景	배경
けつえきがた	血液型	혈액형
かんしゃ	感謝	감사
たんご おぼ	単語を覚える	단어를 외우다
かんこう	観光	관광
けいさつ	警察	경찰
おんがく	音楽	음악
おおごえ	大声	큰 소리
しんぶん	新聞	신문
えいきょう	影響	영향
かお	香り	향기

연습문제

1 한자를 바르게 읽은 것을 고르세요.

1 口　① あたま　② かお　③ くび　④ くち

2 鼻　① て　② あし　③ はな　④ うで

3 胸　① はら　② むね　③ した　④ のど

4 指　① ゆび　② め　③ せなか　④ みみ

5 体力　① たいりき　② たいりょく　③ だいりき　④ だいりょく

2 알맞은 한자를 고르세요.

1 かんさつ　① 観客　② 観光　③ 観覧　④ 観察

2 かんかく　① 感動　② 感謝　③ 感覚　④ 感情

3 おんがく　① 音楽　② 音声　③ 音色　④ 発音

4 けいさつ　① 重視　② 視聴　③ 警察　④ 無視

5 けつあつ　① 血圧　② 血液　③ 貧血　④ 発汗

3 일본어 한자를 바르게 써 보세요.

1 목표 ______________　2 소풍 ______________

3 편지 ______________　4 가수 ______________

5 신문 ______________　6 인구 ______________

1 1.④ 2.③ 3.② 4.① 5.②　2 1.④ 2.③ 3.① 4.③ 5.①　3 1. 目標(もくひょう) 2. 遠足(えんそく) 3. 手紙(てがみ) 4. 歌手(かしゅ) 5. 新聞(しんぶん) 6. 人口(じんこう)

Day 04

공부 순서 □ 한자 학습 ➡ □ 왕초보 필수 한자어 ➡ □ 연습문제 ➡ □ 한자 암기 동영상

의복·취미·성격·특징

MP3를 들어보세요

写真(しゃしん)を撮(と)る
사진을 찍다

山(やま)に登(のぼ)る
산에 오르다

切手(きって)を集(あつ)める
우표를 모으다

旅行(りょこう)する
여행하다

服(ふく)を着(き)る
옷을 입다

靴(くつ)を履(は)く
신발을 신다

109 ☐☐☐

服

옷 복

음독 ふく

服(ふく) 옷 | 服用(ふくよう) 복용 | 制服(せいふく) 제복 | 洋服(ようふく) 양복, (서양식) 옷

---

110 ☐☐☐

着 ★

붙을 착

훈독 きる / つく

음독 ちゃく

着(き)る 입다 | 着物(きもの) 기모노 예 服(ふく)を着(き)る 옷을 입다

着(つ)く 도착하다

着席(ちゃくせき) 착석 | 到着(とうちゃく) 도착 | 付着(ふちゃく) 부착

---

111 ☐☐☐

脱 ★

벗을 탈

훈독 ぬぐ / ぬげる

음독 だつ

脱(ぬ)ぐ 벗다

脱(ぬ)げる 벗겨지다

脱毛(だつもう) 탈모 | 脱落(だつらく) 탈락 | 脱出(だっしゅつ) 탈출

---

112 ☐☐☐

革

가죽 혁

훈독 かわ

음독 かく

革(かわ) 가죽

革新(かくしん) 혁신 | 革命(かくめい) 혁명 | 改革(かいかく) 개혁

---

113 ☐☐☐

靴

신 화

훈독 くつ

음독 か

靴(くつ) 신발, 구두 | 靴下(くつした) 양말 예 靴(くつ)を履(は)く 신발을 신다

軍靴(ぐんか) 군화

---

114 ☐☐☐

洗 ★

씻을 세

훈독 あらう

음독 せん

洗(あら)う 씻다 | お手洗(てあら)い 화장실

洗剤(せんざい) 세제 | 洗濯(せんたく) 세탁 | 洗面(せんめん) 세면 | 洗練(せんれん) 세련

---

115 ☐☐☐

濯

씻을 탁

음독 たく

洗濯(せんたく) 세탁 | 洗濯物(せんたくもの) 빨랫감, 세탁물

116 **布** 베 포
- 훈독 ぬの
- 음독 ふ

布(ぬの) 천
布団(ふとん) 이불 | 座布団(ざぶとん) 방석 | 毛布(もうふ) 담요

117 **袋** 자루 대
- 훈독 ふくろ

袋(ふくろ) 주머니, 봉지 | 紙袋(かみぶくろ) 종이봉지, 쇼핑백 | 手袋(てぶくろ) 장갑

118 **帯** 띠 대
- 훈독 おび / おびる
- 음독 たい

帯(おび) 띠
帯(お)びる 띠다, ~ 기미가 있다
一帯(いったい) 일대 | 携帯(けいたい) 휴대 | 熱帯(ねったい) 열대

119 **糸** 실 사
- 훈독 いと
- 음독 し

糸(いと) 실 | 毛糸(けいと) 털실
金糸(きんし) 금실

120 **針** 바늘 침
- 훈독 はり
- 음독 しん

針(はり) 바늘 | 針(はり)ネズミ 고슴도치
指針(ししん) 지침 | 方針(ほうしん) 방침

Tip

의복의 종류

服(ふく)	옷	制服(せいふく)	교복, 제복	コート	코트
紳士服(しんしふく)	신사복, 남성복	ズボン	바지	セーター	스웨터
婦人服(ふじんふく)	부인복, 여성복	ジーンズ	청바지	ワイシャツ	와이셔츠
和服(わふく)	일본 전통 옷	スカート	스커트, 치마	ジャージ	트레이닝복
洋服(ようふく)	옷(서양식, 현대의 옷)	上着(うわぎ)	겉옷, 상의	下着(したぎ)	속옷
着物(きもの)	기모노	ワンピース	원피스	靴下(くつした)	양말

121 ☐☐☐

趣 ★

뜻 취

훈독 おもむき

음독 しゅ

趣(おもむき) 풍취, 분위기, 멋

趣味(しゅみ) 취미 | 趣旨(しゅし) 취지

---

122 ☐☐☐

写 ★

베낄 사

훈독 うつす / うつる

음독 しゃ

写(うつ)す 찍다, 베끼다

写(うつ)る 찍히다 예 背景(はいけい)が写(うつ)る 배경이 찍히다

写真(しゃしん) 사진 | 映写(えいしゃ) 영사

---

123 ☐☐☐

撮 ★

취할 촬

훈독 とる

음독 さつ

撮(と)る 찍다 예 写真(しゃしん)を撮(と)る 사진을 찍다

撮影(さつえい) 촬영

---

124 ☐☐☐

旅 ★

나그네 려

훈독 たび

음독 りょ

旅(たび) 여행 | 旅先(たびさき) 여행지, 행선지 | 旅立(たびだ)ち 여행길

旅行(りょこう) 여행 | 旅館(りょかん) 여관

---

125 ☐☐☐

登

오를 등

훈독 のぼる

음독 とう / と

登(のぼ)る 오르다 예 山(やま)に登(のぼ)る 산에 오르다

登校(とうこう) 등교 | 登録(とうろく) 등록

登山(とざん) 등산

Tip

취미의 종류

登山(とざん)	등산	スポーツ	스포츠	旅行(りょこう)	여행
読書(どくしょ)	독서	テニス	테니스	収集(しゅうしゅう)	수집
音楽鑑賞(おんがくかんしょう)	음악 감상	バドミントン	배드민턴	語学(ごがく)	어학
楽器演奏(がっきえんそう)	악기 연주	ゴルフ	골프	ものづくり	만들기
運動(うんどう)	운동	水泳(すいえい)	수영		

126 **集** ★ 모을 집

훈독 あつめる / あつまる / つどう
음독 しゅう

集める(あつ) 모으다 ⓔ 切手を集める(きって・あつ) 우표를 모으다
集まる(あつ) 모이다 | 集まり(あつ) 모임
集う(つど) 모이다
集会(しゅうかい) 집회 | 集合(しゅうごう) 집합 | 集中(しゅうちゅう) 집중

127 **踊** 뛸 용

훈독 おどる
음독 よう

踊る(おど) 춤추다 | 踊り(おど) 춤
舞踊(ぶよう) 무용

128 **性** 성품 성

음독 せい / しょう

性格(せいかく) 성격 | 性能(せいのう) 성능 | 異性(いせい) 이성
本性(ほんしょう) 본성 | 根性(こんじょう) 근성

129 **格** 격식 격

음독 かく

格別(かくべつ) 각별 | 合格(ごうかく) 합격 | 品格(ひんかく) 품격

130 **特** ★ 특별할 특

음독 とく

特に(とく) 특히 | 特別(とくべつ) 특별 | 独特(どくとく) 독특 |
特急(とっきゅう) 특급

131 **徴** 부를 징

음독 ちょう

徴収(ちょうしゅう) 징수 | 徴集(ちょうしゅう) 징집 | 象徴(しょうちょう) 상징 | 特徴(とくちょう) 특징

132 **才** 재주 재

음독 さい

才能(さいのう) 재능 | 英才(えいさい) 영재 | 天才(てんさい) 천재 | 漫才(まんざい) 만담

133 ★ **能** 능할 능

음독 のう

能力(のうりょく) 능력 | 可能(かのう) 가능 | 才能(さいのう) 재능 | 万能(ばんのう) 만능

134 ★ **優** 뛰어날 우

훈독 すぐれる / やさしい

음독 ゆう

優れる(すぐれる) 뛰어나다 예 性能が優れる(せいのうがすぐれる) 성능이 뛰어나다

優しい(やさしい) 다정하다, 상냥하다

優勝(ゆうしょう) 우승 | 優先(ゆうせん) 우선 | 俳優(はいゆう) 배우

135 **素** 흴 소

음독 す / そ

素敵(すてき) 근사함 | 素直(すなお) 솔직함 | 素晴らしい(すばらしい) 훌륭하다

素材(そざい) 소재 | 酸素(さんそ) 산소 | 要素(ようそ) 요소

136 **朴** 성씨 박

음독 ぼく

純朴(じゅんぼく) 순박 | 素朴(そぼく) 소박

137 **徳** 덕 덕

음독 とく

徳(とく) 덕 | 道徳(どうとく) 도덕 | 美徳(びとく) 미덕

138 ★ **厳** 엄할 엄

훈독 きびしい

음독 げん

厳しい(きびしい) 엄하다

厳守(げんしゅ) 엄수 | 厳重(げんじゅう) 엄중 | 厳密(げんみつ) 엄밀

Tip 왕초보 필수 한자어

한자 암기 동영상을 보면서 복습하세요

洋服(ようふく)	양복, (서양식) 옷
到着(とうちゃく)	도착
靴下(くつした)	양말
お手洗い(てあら)	화장실
洗濯(せんたく)	세탁
布団(ふとん)	이불
携帯(けいたい)	휴대
趣味(しゅみ)	취미
写真(しゃしん)	사진
旅行(りょこう)	여행
踊る(おど)	춤추다
性格(せいかく)	성격
合格(ごうかく)	합격
象徴(しょうちょう)	상징
能力(のうりょく)	능력
優勝(ゆうしょう)	우승
素直(すなお)	솔직함
厳しい(きび)	엄하다

Tip 성격을 나타내는 형용사

明るい(あか)	밝다
親切だ(しんせつ)	친절하다
優しい(やさ)	착하다, 자상하다
穏やかだ(おだ)	온화하다
楽天的だ(らくてんてき)	낙천적이다
肯定的だ(こうていてき)	긍정적이다 (= ポジティブだ)
否定的だ(ひていてき)	부정적이다 (= ネガティブだ)
社交的だ(しゃこうてき)	사교적이다
性格がいい(せいかく)	성격이 좋다
性格が悪い(せいかく わる)	성격이 나쁘다
大人しい(おとな)	조용하다, 얌전하다
暗い(くら)	어둡다

연습문제

1 한자를 바르게 읽은 것을 고르세요.

1 洗濯 ① せたく ② せんたく ③ せんだく ④ せだく

2 趣味 ① しゅみ ② しゅうみ ③ しゅび ④ しゅうび

3 素敵 ① そざい ② すてき ③ すなお ④ ようそ

4 厳しい ① うつくしい ② いそがしい ③ きびしい ④ たのしい

5 集中 ① しゅうご ② しゅうちゅう ③ しゅうかい ④ ちょうしゅう

2 알맞은 한자를 고르세요.

1 ようふく ① 洋服 ② 制服 ③ 服用 ④ 到着

2 のうりょく ① 可能 ② 能力 ③ 万能 ④ 酸素

3 ゆうしょう ① 優先 ② 俳優 ③ 勝利 ④ 優勝

4 そぼく ① 純朴 ② 要素 ③ 素材 ④ 素朴

5 とくちょう ① 特別 ② 特徴 ③ 象徴 ④ 特急

3 일본어 한자를 바르게 써 보세요.

1 성격 ______________________ 2 재능 ______________________

3 사진 ______________________ 4 합격 ______________________

5 여행 ______________________ 6 등산 ______________________

1 1.② 2.① 3.② 4.③ 5.② **2** 1.① 2.② 3.④ 4.④ 5.② **3** 1. 性格(せいかく) 2. 才能(さいのう) 3. 写真(しゃしん) 4. 合格(ごうかく) 5. 旅行(りょこう) 6. 登山(とざん)

공부 순서 □ 한자 학습 ➡ □ 왕초보 필수 한자어 ➡ □ 연습문제 ➡ □ 한자 암기 동영상

수·순서

MP3를 들어보세요

1	いち	一	일
2	に	二	이
3	さん	三	삼
4	し/よ/よん	四	사
5	ご	五	오
6	ろく	六	일
7	しち/なな	七	칠
8	はち	八	팔
9	きゅう/く	九	구
10	じゅう	十	십
100	ひゃく	百	백
1,000	せん	千	천
10,000	まん	万	만
100,000,000	おく	億	억
1,000,000,000,000	ちょう	兆	조

139 □ □ □

一

한 **일**

훈독 ひと / ひとつ

음독 いち / いつ

一月(ひとつき) 한달 | 一人(ひとり) 한 명

一つ(ひと) 한 개

一日(いちにち) 하루 | 一番(いちばん) 1번, 첫째, 가장, 제일

統一(とういつ) 통일 | 一杯(いっぱい) 한 잔

예외 一日(ついたち) 1일

▶1일~10일 一日(ついたち) / 二日(ふつか) / 三日(みっか) / 四日(よっか) / 五日(いつか) /
六日(むいか) / 七日(なのか) / 八日(ようか) / 九日(ここのか) / 十日(とおか)

---

140 □ □ □

二

두 **이**

훈독 ふた / ふたつ

음독 に

二人(ふたり) 두 명 | 二重(ふたえ) 이중, 두 겹

二つ(ふた) 두 개

二時間(にじかん) 2시간 | 二枚(にまい) 두 장

예외 二日(ふつか) 이틀 | 二十日(はつか) 20일 | 二十歳(はたち) 스무 살

---

141 □ □ □

三

석 **삼**

훈독 み / みっつ

음독 さん

三色(みいろ) 삼색 | 三日月(みかづき) 초승달

三つ(みっ) 세 개 | 三日(みっか) 사흘

三回(さんかい) 세 번 | 三十(さんじゅう) 30

---

142 □ □ □

四

넉 **사**

훈독 よ / よっつ / よん

음독 し

四人(よにん) 네 명 | 四時(よじ) 4시 | 四年(よねん) 4년 | 四円(よえん) 4엔

四つ(よっ) 네 개 | 四日(よっか) 나흘

四歳(よんさい) 네 살

四月(しがつ) 4월 | 四角(しかく) 사각

---

143 □ □ □

五

다섯 **오**

훈독 いつ / いつつ

음독 ご

五日(いつか) 5일

五つ(いつ) 다섯 개

五時(ごじ) 5시 | 五月(ごがつ) 5월

---

144 □ □ □

六

여섯 **육**

훈독 むい / むっつ

음독 ろく

六日(むいか) 6일

六つ(むっ) 여섯 개

六年生(ろくねんせい) 6학년 | 六枚(ろくまい) 여섯 장

145 □ □ □

七

일곱 **칠**

훈독 なの / ななつ
음독 しち

七日(なのか) 7일
七(なな)つ 일곱 개
七月(しちがつ) 7월 | 七時(しちじ) 7시 | 七年(しちねん) 7년(ななねん으로도 읽음)

▶회화체에서 숫자 7은 しち, なな 모두 사용합니다.

---

146 □ □ □

八

여덟 **팔**

훈독 やっつ / や / よう
음독 はち

八(やっ)つ 여덟 개
八百屋(やおや) 야채 가게
八日(ようか) 8일
八台(はちだい) 여덟 대 | 八分(はっぷん) 8분

---

147 □ □ □

九

아홉 **구**

훈독 ここの / ここのつ
음독 きゅう / く

九日(ここのか) 9일
九(ここの)つ 아홉 개
九(きゅう) 9
九月(くがつ) 9월 | 九時(くじ) 9시

---

148 □ □ □

十

열 **십**

훈독 とお / と
음독 じゅう

十(とお) 열 개 | 十日(とおか) 열흘
十人十色(じゅうにんといろ) 십인십색, 각인각색
十月(じゅうがつ) 10월 | 十人(じゅうにん) 열 명 | 十分(じゅうぶん) 충분

▶十分을 じゅっぷん이나 じっぷん으로 발음하면 '10분'의 뜻입니다.

---

149 □ □ □

百 ★

일백 **백**

음독 ひゃく

百円(ひゃくえん) 100엔 | 数百(すうひゃく) 수백 | 百貨店(ひゃっかてん) 백화점

---

150 □ □ □

千

일천 **천**

음독 せん

千円札(せんえんさつ) 천 엔 지폐 | 千人(せんにん) 천 명

---

151 □ □ □

万

일만 **만**

음독 まん / ばん

万年筆(まんねんひつ) 만년필 | 一万(いちまん) 1만
万歳(ばんざい) 만세 | 万能(ばんのう) 만능

152 **億** 억 억

음독 おく

億万長者(おくまんちょうじゃ) 억만장자 | 一億(いちおく) 1억

153 **兆** 조 조

훈독 きざし
음독 ちょう

兆し(きざし) 징조
~兆(ちょう) ~조(수 단위) | 兆候(ちょうこう) 징조, 징후 | 前兆(ぜんちょう) 전조
예 一兆(いっちょう), 二兆(にちょう), 三兆(さんちょう), 四兆(よんちょう), 五兆(ごちょう), 六兆(ろくちょう), 七兆(ななちょう), 八兆(はっちょう), 九兆(きゅうちょう), 十兆(じゅっちょう)

154 **計** ★ 셀 계

훈독 はかる
はからう
음독 けい

計る(はかる) 재다, 달다 예 時間(じかん)を計(はか)る 시간을 재다
計らう(はからう) 처리하다
計画(けいかく) 계획 | 会計(かいけい) 회계 | 設計(せっけい) 설계

155 **算** ★ 셈 산

음독 さん

算数(さんすう) 산수 | 計算(けいさん) 계산 | 予算(よさん) 예산
예외 算盤(そろばん) 주판, 셈

156 **番** ★ 차례 번

음독 ばん

番号(ばんごう) 번호 | 番組(ばんぐみ) 방송 프로그램 | 一番(いちばん) 1번, 제일 | 交番(こうばん) 파출소

157 **号** 부를 호

음독 ごう

暗号(あんごう) 암호 | 記号(きごう) 기호 | 信号(しんごう) 신호

158 **数** ★ 셀 수

훈독 かず
かぞえる
음독 すう

数(かず) 수
数える(かぞえる) 세다 예 数(かず)を数(かぞ)える 수를 세다
数学(すうがく) 수학 | 数字(すうじ) 숫자 | 人数(にんずう) 인원수

159 始 ★

처음 **시**

- 훈독: はじめる, はじまる
- 음독: し

始(はじ)める 시작하다 | **飲(の)み始(はじ)める** 마시기 시작하다

始(はじ)まる 시작되다

始終(しじゅう) 시종 | **始動(しどう)** 시동 | **開始(かいし)** 개시

---

160 初 ★

처음 **초**

- 훈독: はじめ, はつ, うい
- 음독: しょ

初(はじ)め 처음, 시작 | **初(はじ)めて** 처음으로

初(はつ) 첫 | **初恋(はつこい)** 첫사랑 | **初雪(はつゆき)** 첫눈

初(うい) 첫 | **初産(ういざん)** 초산

初級(しょきゅう) 초급 | **初対面(しょたいめん)** 첫 대면 | **最初(さいしょ)** 최초

---

161 終

마칠 **종**

- 훈독: おわる, おえる
- 음독: しゅう

終(お)わる 끝나다, 끝내다, 마치다 | **終(お)わり** 끝, 마지막

終(お)える 끝내다

終業式(しゅうぎょうしき) 종업식 | **終着(しゅうちゃく)** 종착 | **終点(しゅうてん)** 종점

---

162 前

앞 **전**

- 훈독: まえ
- 음독: ぜん

前(まえ) 앞 | **名前(なまえ)** 이름 | **この前(まえ)** 요전, 이전 | **三年前(さんねんまえ)** 3년 전

前後(ぜんご) 전후 | **前日(ぜんじつ)** 전일 | **以前(いぜん)** 이전

---

163 後 ★

뒤 **후**

- 훈독: のち, あと, うしろ
- 음독: ご, こう

後(のち) 후(시간) | **後(のち)ほど** 나중에

後(あと) 뒤, 나중(시간, 공간)

後(うし)ろ 뒤(공간) | **後(うし)ろ姿(すがた)** 뒷모습

最後(さいご) 최후 | **食後(しょくご)** 식후

後輩(こうはい) 후배

▶後(のち)는 어떤 시점 이후, 미래를 나타낼 때나 일기예보에 주로 사용되며 後(あと)보다 격식이 있는 표현입니다.

---

164 先 ★

먼저 **선**

- 훈독: さき
- 음독: せん

先(さき) 앞 | **先(さき)に** 먼저 | **行(ゆ)き先(さき)** 행선지

先月(せんげつ) 지난달 | **先生(せんせい)** 선생님 | **先輩(せんぱい)** 선배

165 次 버금 차

훈독 つぐ / つぎ
음독 じ / し

次ぐ(つ) 잇따르다
次(つぎ) 다음
次回(じかい) 다음 번 | 次男(じなん) 차남 | 目次(もくじ) 목차
次第に(しだい) 점차

166 順 순할 순

음독 じゅん

順位(じゅんい) 순위 | 順調(じゅんちょう) 순조로움 | 順番(じゅんばん) 순번

167 序 차례 서

음독 じょ

序列(じょれつ) 서열 | 順序(じゅんじょ) 순서 | 秩序(ちつじょ) 질서

168 第 차례 제

음독 だい

第一(だいいち) 제일 | 第一印象(だいいちいんしょう) 첫인상 | 第一歩(だいいっぽ) 첫걸음 |
次第(しだい) 차례

169 末 ★ 끝 말

훈독 すえ
음독 まつ

末(すえ) 끝, 마지막 | 末っ子(すえっこ) 막내
末(まつ) 말, 끝 | 期末(きまつ) 기말 | 結末(けつまつ) 결말 | 週末(しゅうまつ) 주말

Tip 왕초보 필수 한자어

한자 암기 동영상을 보면서 복습하세요

いちにち	一日	하루
いちばん	一番	1번, 첫째, 가장, 제일
いっぱい	一杯	한 잔
よっか	四日	4일
よじ	四時	4시
くがつ	九月	9월
ひゃっかてん	百貨店	백화점
けいかく	計画	계획
よさん	予算	예산
ばんごう	番号	번호
こうばん	交番	파출소
しんごう	信号	신호
すうがく	数学	수학
はじ	初めて	처음으로
さいしょ	最初	최초
お	終わり	끝, 마지막
なまえ	名前	이름
こうはい	後輩	후배
せんぱい	先輩	선배
せんせい	先生	선생님
だいいちいんしょう	第一印象	첫인상
しゅうまつ	週末	주말

연습문제

1 한자를 바르게 읽은 것을 고르세요.

1	先月	① せんがつ	② せんげつ	③ ぜんがつ	④ ぜんげつ
2	順番	① じゅんじょ	② しゅんじょ	③ じゅんはん	④ じゅんばん
3	数字	① すうじ	② すうがく	③ にんず	④ かず
4	週末	① しゅまつ	② しゅうまつ	③ しゅすえ	④ しゅうすえ
5	計画	① けいかく	② げいかく	③ けいがく	④ げいがく

2 알맞은 한자를 고르세요.

1	こうはい	① 食後	② 最後	③ 後輩	④ 先輩
2	じなん	① 次回	② 次男	③ 目次	④ 次第
3	しょきゅう	① 最初	② 初級	③ 初恋	④ 初雪
4	こうばん	① 番組	② 交番	③ 信号	④ 記号
5	ぜんご	① 前後	② 前日	③ 順調	④ 順位

3 일본어 한자를 바르게 써 보세요.

1 번호 ____________　　2 선생님 ____________

3 이름 ____________　　4 수학 ____________

5 결말 ____________　　6 4시 ____________

1 1.② 2.④ 3.① 4.② 5.①　**2** 1.③ 2.② 3.② 4.② 5.①　**3** 1. 番号(ばんごう) 2. 先生(せんせい) 3. 名前(なまえ) 4. 数学(すうがく) 5. 結末(けつまつ) 6. 四時(よじ)

Day 06

공부 순서 □ 한자 학습 ➡ □ 왕초보 필수 한자어 ➡ □ 연습문제 ➡ □ 한자 암기 동영상

날짜·시간

MP3를 들어보세요

午前(ごぜん) 오전

朝(あさ) 아침

昼(ひる) 낮

午後(ごご) 오후

夕方(ゆうがた) 해질녘

夜(よる) 저녁

晩(ばん) 밤

過去(かこ) 과거

昔(むかし) 옛날

今(いま) 지금

現在(げんざい) 현재

この頃(ごろ) 요즘

将来(しょうらい) 장래

予定(よてい) 예정

170 ☐ ☐ ☐
年 ★
해 년

훈독 とし
음독 ねん

年(とし) 해, 나이 | 年上(としうえ) 연상 | お年玉(としだま) 세뱃돈 | 一昨年(おととし) 재작년
年金(ねんきん) 연금 | 一年生(いちねんせい) 1학년 | 去年(きょねん) 작년

---

171 ☐ ☐ ☐
月 ★
달 월

훈독 つき
음독 げつ がつ

月(つき) 달 | 二月(ふたつき) 두달
月末(げつまつ) 월말 | 月曜日(げつようび) 월요일 | 一ヶ月(いっかげつ) 1개월
一月(いちがつ) 1월

▶1월부터 12월까지의 月은 がつ로 읽습니다.

---

172 ☐ ☐ ☐
火 ★
불 화

훈독 ひ
음독 か

火(ひ) 불 | 火花(ひばな) 불꽃, 불똥 | 花火(はなび) 불꽃놀이
火山(かざん) 화산 | 火事(かじ) 화재 | 火曜日(かようび) 화요일

---

173 ☐ ☐ ☐
水
물 수

훈독 みず
음독 すい

水(みず) 물 | 水着(みずぎ) 수영복 | 生水(なまみず) 생수
水泳(すいえい) 수영 | 水道(すいどう) 수도 | 水曜日(すいようび) 수요일

---

174 ☐ ☐ ☐
木
나무 목

훈독 き こ
음독 もく ぼく

木(き) 나무
木の葉(このは) 나뭇잎
木星(もくせい) 목성 | 木曜日(もくようび) 목요일
土木(どぼく) 토목
예외 木綿(もめん) 솜, 무명

---

175 ☐ ☐ ☐
金 ★
쇠 금

훈독 かね かな
음독 きん

金(かね) 돈 | 金持ち(かねもち) 부자
金づち(かなづち) 쇠망치
金利(きんり) 금리 | 金曜日(きんようび) 금요일

176 **土** 흙 토

훈독 つち
음독 ど / と

土(つち) 흙
土曜日(どようび) 토요일 | 国土(こくど) 국토
土地(とち) 토지
예외 お土産(みやげ) (여행지 등에서 사 오는) 선물

177 **日** ★ 날 일

훈독 ひ
음독 にち / じつ

日(ひ) 해, 날 | 日帰り(ひがえ) 당일치기 | 日傘(ひがさ) 양산
日曜日(にちようび) 일요일 | 日記(にっき) 일기
先日(せんじつ) 요전 날
예외 一昨日(おととい) 그저께 | 昨日(きのう) 어제

178 **曜** 빛날 요

음독 よう

曜日(ようび) 요일 | 何曜日(なんようび) 무슨 요일
예 曜日(ようび)を忘(わす)れる 요일을 잊다

179 **週** ★ 돌 주

음독 しゅう

週末(しゅうまつ) 주말 | 一週間(いっしゅうかん) 일주일 | 毎週(まいしゅう) 매주

180 **間** ★ 사이 간

훈독 あいだ / ま
음독 かん / けん

間(あいだ) 사이, 동안 | この間(あいだ) 요전, 일전
間(ま) 사이, 간격 예 間(ま)に合(あ)う 시간에 맞추다 |
間違う(まちが) 틀리다, 잘못되다
間食(かんしょく) 간식
世間(せけん) 세상, 사회 | 人間(にんげん) 인간

181 **期** 기약할 기

음독 き / ご

期間(きかん) 기간 | 期待(きたい) 기대 | 時期(じき) 시기
一期一会(いちごいちえ) 일생에 한 번뿐인 만남

182 **時** ★
때 시
훈독 とき
음독 じ

時(とき) 때 | 時々(ときどき) 때때로
時間(じかん) 시간 | 時刻(じこく) 시각 | 時代(じだい) 시대
예외 時計(とけい) 시계

183 **秒**
분초 초
음독 びょう

秒針(びょうしん) 초침 | 秒速(びょうそく) 초속

184 **朝** ★
아침 조
훈독 あさ
음독 ちょう

朝(あさ) 아침 | 朝顔(あさがお) 나팔꽃 | 朝日(あさひ) 아침 해
朝会(ちょうかい) 조회 | 朝食(ちょうしょく) 조식, 아침 식사 | 朝礼(ちょうれい) 조례

185 **午**
낮 오
음독 ご

午後(ごご) 오후 | 午前(ごぜん) 오전 | 正午(しょうご) 정오

186 **昼** ★
낮 주
훈독 ひる
음독 ちゅう

昼(ひる) 낮 | 昼寝(ひるね) 낮잠 | 昼休み(ひるやす) 점심시간
昼食(ちゅうしょく) 점심 식사 | 昼夜(ちゅうや) 주야

187 **夕**
저녁 석
훈독 ゆう

夕刊(ゆうかん) 석간 | 夕日(ゆうひ) 석양 | 夕べ(ゆう) 어제 저녁

188 **夜** ★
밤 야
훈독 よる
よ
음독 や

夜(よる) 저녁
夜空(よぞら) 밤하늘 | 夜中(よなか) 밤중
夜間(やかん) 야간 | 夜食(やしょく) 야식 | 今夜(こんや) 오늘 밤

189 **晩** 늦을 만

음독 ばん

晩(ばん) 밤 | 晩ご飯(ばんごはん) 저녁밥 | 今晩(こんばん) 오늘 밤

190 **頃** 잠깐 경

훈독 ころ

頃(ころ) 시절, 무렵 | 子供の頃(こどものころ) 어린 시절 | この頃(ごろ) 요즘 | 近頃(ちかごろ) 최근, 근래

191 **昔** ★ 예 석

훈독 むかし
음독 しゃく

昔(むかし) 옛날 | 昔話(むかしばなし) 옛날이야기
今昔(こんじゃく) 지금과 옛날

192 **今** ★ 지금 금

훈독 いま
음독 こん

今(いま) 지금, 이제 | 今すぐ(いますぐ) 이제 곧
今月(こんげつ) 이번 달 | 今週(こんしゅう) 이번 주 | 今度(こんど) 이번 | 今晩(こんばん) 오늘 밤
예외 今日(きょう) 오늘 | 今朝(けさ) 오늘 아침 | 今年(ことし) 올해

193 **過** ★ 지날 과

훈독 あやまち / すごす / すぎる
음독 か

過ち(あやまち) 잘못, 실수
過ごす(すごす) 보내다, 지내다
過ぎる(すぎる) 통과하다, 지나다
過去(かこ) 과거 | 過程(かてい) 과정 | 通過(つうか) 통과

194 **去** ★ 갈 거

훈독 さる
음독 きょ / こ

去る(さる) 지나가다, 떠나다, 끝나다
去年(きょねん) 작년 | 除去(じょきょ) 제거 | 退去(たいきょ) 퇴거
過去(かこ) 과거

195 **現** ★ 나타날 현

훈독 あらわす / あらわれる
음독 げん

現す(あらわす) 나타내다, 드러내다
現れる(あらわれる) 나타나다 예 夢に現れる(ゆめにあらわれる) 꿈에 나타나다
現在(げんざい) 현재 | 現実(げんじつ) 현실 | 表現(ひょうげん) 표현

196 **翌** 다음날 **익**

음독 よく

翌朝(よくあさ) 다음 날 아침 | 翌日(よくじつ) 다음 날 | 翌年(よくとし) 다음 해

---

197 **昨** ★ 어제 **작**

음독 さく

昨日(さくじつ) 어제 | 昨年(さくねん) 작년

예외 昨日(きのう) 어제

▶きのう(昨日)보다 さくじつ(昨日)가 딱딱한 말투입니다.

---

198 **毎** ★ 매양 **매**

음독 まい

毎朝(まいあさ) 매일 아침 | 毎月(まいつき) 매달 | 毎年(まいとし) 매년 | 毎日(まいにち) 매일

---

199 **常** 항상 **상**

훈독 つね

음독 じょう

常(つね) 항상 | 常(つね)に 항상, 언제나

常識(じょうしき) 상식 | 日常生活(にちじょうせいかつ) 일상생활 | 非常(ひじょう)に 몹시, 매우

---

200 **永** 길 **영**

훈독 ながい

음독 えい

永(なが)い 길다, 오래다 예 永(なが)い別(わか)れ 영원한 이별

永遠(えいえん) 영원 | 永久(えいきゅう) 영구

---

201 **久** 오랠 **구**

훈독 ひさしい

음독 きゅう

久(ひさ)しい 오래다, 오래되다 | 久(ひさ)しぶり 오랜만

永久(えいきゅう) 영구

---

202 **瞬** ★ 눈 깜짝일 **순**

훈독 またたく

음독 しゅん

瞬(また)く 깜박이다, 반짝이다 예 目(め)を瞬(また)く 눈을 깜박이다

瞬間(しゅんかん) 순간 | 一瞬(いっしゅん) 한순간

203 **将** 장차 **장**

음독 しょう

将棋(しょうぎ) 장기 | 将軍(しょうぐん) 장군 | 将来(しょうらい) 장래

---

204 **来** ★ 올 **래**

훈독 くる / きたる / きたす

음독 らい

来る(く) 오다

来る(きた) 다가오다, 오다

来す(きた) 초래하다

来週(らいしゅう) 다음 주 | 来年(らいねん) 내년 | 将来(しょうらい) 장래

---

205 **予** ★ 미리 **예**

음독 よ

予想(よそう) 예상 | 予定(よてい) 예정 | 予防(よぼう) 예방 | 予約(よやく) 예약

Tip

날짜 표현

一昨年(おととし) 재작년 → 去年(きょねん) 작년 → 今年(ことし) 올해 → 来年(らいねん) 내년 → 再来年(さらいねん) 내후년

一昨日(おととい) 그저께 → 昨日(きのう) 어제 → 今日(きょう) 오늘 → 明日(あした) 내일 → 明後日(あさって) 모레

月曜日(げつようび) 월요일	火曜日(かようび) 화요일	水曜日(すいようび) 수요일	木曜日(もくようび) 목요일	金曜日(きんようび) 금요일
土曜日(どようび) 토요일	日曜日(にちようび) 일요일			

Tip 왕초보 필수 한자어

한자 암기 동영상을 보면서 복습하세요

ようび	曜日	요일
いっ　げつ	一ヶ月	1개월
はなび	花火	불꽃놀이
かじ	火事	화재
かねも	お金持ち	부자
みやげ	お土産	(여행지 등에서 사 오는) 선물
ひがえ	日帰り	당일치기
せんじつ	先日	요전 날
ま　あ	間に合う	시간에 맞추다
きたい	期待	기대
ときどき	時々	때때로
とけい	時計	시계
じかん	時間	시간
けさ	今朝	오늘 아침
こんや	今夜	오늘 밤
ちょうしょく	朝食	조식, 아침 식사
ひるやす	昼休み	점심시간
ごぜん	午前	오전
ごご	午後	오후
しょうご	正午	정오
こんしゅう	今週	이번 주
かこ	過去	과거
げんざい	現在	현재
まいにち	毎日	매일
にちじょうせいかつ	日常生活	일상생활
しょうらい	将来	장래
よやく	予約	예약
よてい	予定	예정

연습문제

1 한자를 바르게 읽은 것을 고르세요.

1	今朝	① いまあさ	② こんあさ	③ けさ	④ こんちょう
2	将来	① そうらい	② そらい	③ しょらい	④ しょうらい
3	土曜日	① とよび	② とようび	③ どようび	④ どうようび
4	現在	① けんさい	② げんさい	③ けんざい	④ げんざい
5	先日	① せんしつ	② せんじつ	③ ぜんしつ	④ ぜんじつ

2 알맞은 한자를 고르세요.

1	ごご	① 午前	② 午後	③ 正午	④ 夕方
2	とけい	① 期待	② 時々	③ 時計	④ 時間
3	かこ	① 一昨日	② 去年	③ 今年	④ 過去
4	きのう	① 昨日	② 今日	③ 明日	④ 明後日
5	げつようび	① 月曜日	② 火曜日	③ 水曜日	④ 日曜日

3 일본어 한자를 바르게 써 보세요.

1 시간 ____________　　2 매일 ____________

3 화재 ____________　　4 예정 ____________

5 불꽃놀이 ____________　　6 이번 주 ____________

1 1. ③ 2. ④ 3. ③ 4. ④ 5. ②　**2** 1. ② 2. ③ 3. ④ 4. ① 5. ①　**3** 1. 時間(じかん) 2. 毎日(まいにち) 3. 火事(かじ) 4. 予定(よてい) 5. 花火(はなび) 6. 今週(こんしゅう)

Day 07

공부 순서 □ 한자 학습 ➡ □ 왕초보 필수 한자어 ➡ □ 연습문제 ➡ □ 한자 암기 동영상

날씨·계절

MP3를 들어보세요

晴(はれ) 맑음

曇り(くもり) 흐림

雨(あめ) 비

雪(ゆき) 눈

風(かぜ) 바람

台風(たいふう) 태풍

206 **天** 하늘 천

훈독 あめ / あま
음독 てん

天(あめ) 하늘
天(あま)の川(がわ) 은하수
天気(てんき) 날씨 | 天才(てんさい) 천재 | 天然(てんねん) 천연

207 **気** ★ 기운 기

음독 き / け

気持(きも)ち 기분 | 人気(にんき) 인기 | 気(き)がつく 생각이 미치다 | 気(き)に入(い)る 마음에 들다 | 気(き)にする 신경 쓰다
気配(けはい) 기미, 낌새 | 人気(ひとけ) 인기척

208 **暖** ★ 따뜻할 난

훈독 あたたかい / あたためる / あたたまる
음독 だん

暖(あたた)かい 따뜻하다
暖(あたた)める 따뜻하게 하다
暖(あたた)まる 따뜻해지다 예 部屋(へや)が暖(あたた)まる 방이 따뜻해지다
暖房(だんぼう) 난방

209 **寒** ★ 찰 한

훈독 さむい
음독 かん

寒(さむ)い 춥다 | 寒空(さむぞら) 추운 겨울 하늘, 추운 날씨
寒暖(かんだん) 추위와 따뜻함 | 寒波(かんぱ) 한파 | 寒風(かんぷう) 찬 바람

210 **暑** ★ 더울 서

훈독 あつい
음독 しょ

暑(あつ)い 덥다 | 蒸(む)し暑(あつ)い 무덥다
寒暑(かんしょ) 한서 | 残暑(ざんしょ) 늦더위 | 避暑(ひしょ) 피서

211 **涼** 서늘할 량

훈독 すずしい
음독 りょう

涼(すず)しい 선선하다
清涼(せいりょう) 청량 | 納涼(のうりょう) 납량

212 **晴** 갤 청

훈독 はれる
음독 せい

晴(は)れる 맑다 | 晴(は)れ 맑음
快晴(かいせい) 쾌청

213 曇 흐릴 담

훈독 くもる
음독 どん

曇(くも)る 흐리다 | 曇(くも)り 흐림
曇天(どんてん) 흐린 날씨

---

214 雲 구름 운

훈독 くも
음독 うん

雲(くも) 구름 | 雨雲(あまぐも) 비구름
風雲(ふううん) 풍운

---

215 雨 ★ 비 우

훈독 あめ
あま
음독 う

雨(あめ) 비 | 大雨(おおあめ) 큰 비
雨戸(あまど) 덧문 | 雨宿(あまやど)り 비를 피함
雨天(うてん) 우천
예외 梅雨(つゆ) 장마

---

216 雪 눈 설

훈독 ゆき
음독 せつ

雪(ゆき) 눈 | 雪(ゆき)だるま 눈사람 | 初雪(はつゆき) 첫눈
除雪(じょせつ) 제설 | 積雪(せきせつ) 적설
예외 雪崩(なだれ) 눈사태

---

217 風 ★ 바람 풍

훈독 かぜ
음독 ふう
ふ

風(かぜ) 바람
風船(ふうせん) 풍선 | 風速(ふうそく) 풍속
お風呂(ふろ) 목욕(탕)
예외 風邪(かぜ) 감기 예 風邪(かぜ)をひく 감기에 걸리다

---

218 吹 불 취

훈독 ふく
음독 すい

吹(ふ)く (바람이) 불다 | 吹雪(ふぶき) 눈보라
吹奏楽(すいそうがく) 취주악(관악기를 주제로 한 합주 음악)

---

219 乾 마를 건

훈독 かわく
かわかす
음독 かん

乾(かわ)く 건조하다, 마르다 예 空気(くうき)が乾(かわ)く 공기가 건조하다
乾(かわ)かす 말리다
乾燥(かんそう) 건조 | 乾杯(かんぱい) 건배

220 ☐ ☐ ☐

湿
축축할 **습**

훈독 しめる
음독 しつ

湿(しめ)る 축축해지다, 습기 차다
湿度(しつど) 습도 | **湿気(しっけ)** 습기 | **湿布(しっぷ)** 습포, 파스

---

221 ☐ ☐ ☐

冷 ★
찰 **랭**

훈독 つめたい
さます
さめる
ひやす
ひえる
ひやかす
음독 れい

冷(つめ)たい 차갑다
冷(さ)ます 식히다
冷(さ)める 식다 예 お茶(ちゃ)が冷(さ)める 차가 식다
冷(ひ)やす 차갑게 하다, 진정시키다
冷(ひ)える 차가워지다 예 冷(ひ)えたビール 차가워진 맥주
冷(ひ)やかす 차게 하다, 놀리다
冷蔵庫(れいぞうこ) 냉장고 | **冷静(れいせい)** 냉정 | **冷房(れいぼう)** 냉방

---

222 ☐ ☐ ☐

凍
얼 **동**

훈독 こおる
こごえる
음독 とう

凍(こお)る 얼다
凍(こご)える 추위로 감각이 둔해지다
凍結(とうけつ) 동결 | **凍死(とうし)** 동사 | **冷凍(れいとう)** 냉동

---

223 ☐ ☐ ☐

季
계절 **계**

음독 き

季候(きこう) 계절과 날씨 | **季節(きせつ)** 계절 | **四季(しき)** 사계

---

224 ☐ ☐ ☐

節 ★
마디 **절**

훈독 ふし
음독 せつ

節(ふし) 마디 | **節目(ふしめ)** 단락을 짓는 시점
節約(せつやく) 절약 | **調節(ちょうせつ)** 조절

---

225 ☐ ☐ ☐

春 ★
봄 **춘**

훈독 はる
음독 しゅん

春(はる) 봄 | **春風(はるかぜ)** 봄바람 | **春雨(はるさめ)** 봄비
春分(しゅんぶん) 춘분 | **新春(しんしゅん)** 새봄

226 ☐ ☐ ☐

夏 ★

여름 하

훈독 なつ

음독 か / げ

夏(なつ) 여름 | 真夏(まなつ) 한여름
夏期(かき) 하기 | 初夏(しょか) 초여름
夏至(げし) 하지

227 ☐ ☐ ☐

秋 ★

가을 추

훈독 あき

음독 しゅう

秋(あき) 가을 | 秋晴れ(あきばれ) 맑게 갠 가을 날씨 | 秋祭り(あきまつり) 가을 축제
秋分(しゅうぶん) 추분 | 初秋(しょしゅう) 초가을

228 ☐ ☐ ☐

冬 ★

겨울 동

훈독 ふゆ

음독 とう

冬(ふゆ) 겨울 | 冬休み(ふゆやすみ) 겨울 방학, 겨울 휴가
冬至(とうじ) 동지 | 冬眠(とうみん) 동면 | 立冬(りっとう) 입동

Tip

계절별 날씨 표현

春(はる) 봄	暖(あたた)かい	따뜻하다	花粉(かふん)	꽃가루
	PM2.5(ピーエムにてんご)	미세먼지	黄砂(こうさ)	황사
	春雨(はるさめ)が降(ふ)る	봄비가 내리다		
夏(なつ) 여름	暑(あつ)い	덥다	蒸(む)し暑(あつ)い	무덥다
	じめじめする	끈적끈적하다	台風(たいふう)	태풍
	梅雨(つゆ)	장마	雷(かみなり)	천둥
秋(あき) 가을	涼(すず)しい	선선하다	風(かぜ)が吹(ふ)く	바람이 불다
	紅葉(こうよう)	단풍	肌寒(はださむ)い	쌀쌀하다
冬(ふゆ) 겨울	寒(さむ)い	춥다	雪(ゆき)が降(ふ)る	눈이 내리다
	風邪(かぜ)をひく	감기에 걸리다	乾燥(かんそう)している	건조하다

Tip 왕초보 필수 한자어

한자 암기 동영상을
보면서 복습하세요

天気（てんき）	날씨
寒い（さむい）	춥다
暑い（あつい）	덥다
涼しい（すずしい）	선선하다
冷たい（つめたい）	차갑다
晴る（はれる）	맑다
曇る（くもる）	흐리다
凍る（こおる）	얼다
雲（くも）	구름
雨（あめ）	비
雪（ゆき）	눈
風（かぜ）	바람
季節（きせつ）	계절
春（はる）	봄
夏（なつ）	여름
秋（あき）	가을
冬（ふゆ）	겨울
気持ち（きもち）	기분
人気（にんき）	인기
暖房（だんぼう）	난방
冷房（れいぼう）	냉방
大雨（おおあめ）	큰 비
風邪（かぜ）	감기
湿度（しつど）	습도
冷蔵庫（れいぞうこ）	냉장고
節約（せつやく）	절약

연습문제

1 한자를 바르게 읽은 것을 고르세요.

1 季節	① きせつ	② ぎせつ	③ しき	④ じき
2 暖房	① なんぼう	② だんぼう	③ なんほう	④ たんほう
3 人気	① ひとき	② にんき	③ ひとぎ	④ にんぎ
4 湿度	① しつと	② しっと	③ しつど	④ しっど
5 冷蔵庫	① れぞこ	② れいぞこ	③ れいぞうこ	④ れいぞうこう

2 알맞은 한자를 고르세요.

1 ゆき	① 雨	② 風	③ 雲	④ 雪
2 あき	① 春	② 夏	③ 秋	④ 冬
3 おおあめ	① 春雨	② 大雨	③ 大雪	④ 大風
4 すずしい	① 涼しい	② 美しい	③ 難しい	④ 冷しい
5 さむい	① 暑い	② 熱い	③ 寒い	④ 凍い

3 일본어 한자를 바르게 써 보세요.

1 날씨 ______________________　2 봄 ______________________

3 바람 ______________________　4 비 ______________________

5 절약 ______________________　6 태풍 ______________________

1 1. ① 2. ② 3. ② 4. ③ 5. ③　**2** 1. ④ 2. ③ 3. ② 4. ① 5. ③　**3** 1. 天気(てんき) 2. 春(はる) 3. 風(かぜ) 4. 雨(あめ) 5. 節約(せつやく) 6. 台風(たいふう)

공부 순서 □ 한자 학습 ➡ □ 왕초보 필수 한자어 ➡ □ 연습문제 ➡ □ 한자 암기 동영상

학교·학문

MP3를 들어보세요

学校(がっこう) 학교

勉強(べんきょう) 공부

試験(しけん) 시험

宿題(しゅくだい) 숙제

賞(しょう) 상

卒業(そつぎょう) 졸업

229 □ □ □

学 ★

배울 학

훈독 まなぶ

음독 がく

学ぶ(まなぶ) 배우다

学部(がくぶ) 학부 | 科学(かがく) 과학 | 大学生(だいがくせい) 대학생

230 □ □ □

校

학교 교

음독 こう

校長(こうちょう) 교장 | 校門(こうもん) 교문 | 学校(がっこう) 학교

231 □ □ □

問 ★

물을 문

훈독 とう / とい / とん

음독 もん

問う(とう) 묻다

問い(とい) 물음, 질문 | 問い合わせ(といあわせ) 조회, 문의

問屋(とんや) 도매상

問題(もんだい) 문제 | 学問(がくもん) 학문 | 訪問(ほうもん) 방문

232 □ □ □

教

가르칠 교

훈독 おしえる / おそわる

음독 きょう

教える(おしえる) 가르치다 | 教え子(おしえご) 제자

教わる(おそわる) 배우다

教育(きょういく) 교육 | 教会(きょうかい) 교회 | 教室(きょうしつ) 교실

233 □ □ □

習 ★

익힐 습

훈독 ならう

음독 しゅう

習う(ならう) 배우다 | 見習う(みならう) 본받다

習慣(しゅうかん) 습관 | 習得(しゅうとく) 습득 | 復習(ふくしゅう) 복습 | 練習(れんしゅう) 연습

234 □ □ □

答 ★

대답할 답

훈독 こたえる

음독 とう

答える(こたえる) 대답하다 | 答え(こたえ) 대답 | 口答え(くちごたえ) 말대답

答案(とうあん) 답안 | 回答(かいとう) 회답 | 解答(かいとう) 해답

235 □ □ □

席

자리 석

음독 せき

席(せき) 자리 | 欠席(けっせき) 결석 | 座席(ざせき) 좌석 | 出席(しゅっせき) 출석

예 席(せき)に座(すわ)る 자리에 앉다

236 **勉** 힘쓸 **면**

음독 べん

勉強(べんきょう) 공부 | 勉学(べんがく) 면학 | 勤勉(きんべん) 근면

---

237 **試** ★ 시험할 **시**

훈독 こころみる / ためす

음독 し

試(こころ)みる 시험해 보다, 시도하다

試(ため)す 시험해 보다, 시도하다

試運転(しうんてん) 시운전 | 試食(ししょく) 시식 | 入試(にゅうし) 입시

---

238 **験** ★ 시험할 **험**

음독 けん

経験(けいけん) 경험 | 試験(しけん) 시험 | 実験(じっけん) 실험 | 体験(たいけん) 체험

예 試験(しけん)を受(う)ける 시험을 보다

---

239 **講** 외울 **강**

음독 こう

講演(こうえん) 강연 | 講義(こうぎ) 강의 | 講座(こうざ) 강좌

---

240 **師** 스승 **사**

음독 し

医師(いし) 의사 | 教師(きょうし) 교사 | 講師(こうし) 강사

---

241 **導** 인도할 **도**

훈독 みちびく

음독 どう

導(みちび)く 인도하다, 이끌다 예 子供(こども)を導(みちび)く 어린이를 지도하다

導入(どうにゅう) 도입 | 指導(しどう) 지도 | 誘導(ゆうどう) 유도

---

242 **知** ★ 알 **지**

훈독 しる / しらせる

음독 ち

知(し)る 알다 | 知(し)り合(あ)い 아는 사이

知(し)らせる 알리다

知識(ちしき) 지식 | 知能(ちのう) 지능 | 承知(しょうち) 알아들음 | 未知(みち) 미지

243 **恵** 은혜 혜

훈독 めぐむ / めぐまれる
음독 え / けい

恵(めぐ)む 베풀다
恵(めぐ)まれる 풍족하다, 행복하다
知恵(ちえ) 지혜
恩恵(おんけい) 은혜

---

244 **識** 알 식

음독 しき

意識(いしき) 의식 | 常識(じょうしき) 상식 | 知識(ちしき) 지식 | 認識(にんしき) 인식

---

245 **宿** ★ 묵을 숙

훈독 やど
음독 しゅく

宿(やど) 숙소
宿題(しゅくだい) 숙제 | 宿泊(しゅくはく) 숙박 | 合宿(がっしゅく) 합숙

---

246 **題** 제목 제

음독 だい

題目(だいもく) 제목 | 主題(しゅだい) 주제 | 話題(わだい) 화제

---

247 **課** 공부할 과

음독 か

課題(かだい) 과제 | 課長(かちょう) 과장 | 課程(かてい) 과정 | 日課(にっか) 일과

---

248 **科** 과목 과

음독 か

科目(かもく) 과목 | 教科書(きょうかしょ) 교과서 | 外科(げか) 외과

---

249 **英** 뛰어날 영

음독 えい

英語(えいご) 영어 | 英会話(えいかいわ) 영어회화 | 英才(えいさい) 영재

250 **育** ★
기를 육

훈독 そだてる / そだつ
음독 いく

育(そだ)てる 키우다
育(そだ)つ 자라다
育児(いくじ) 육아 | 育成(いくせい) 육성 | 教育(きょういく) 교육

---

251 **訓**
가르칠 훈

음독 くん

家訓(かくん) 가훈 | 教訓(きょうくん) 교훈

---

252 **練** ★
익힐 련

훈독 ねる
음독 れん

練(ね)る 다듬다 예 文章(ぶんしょう)を練(ね)る 문장을 다듬다
練習(れんしゅう) 연습 | 訓練(くんれん) 훈련 | 試練(しれん) 시련

---

253 **解** ★
풀 해

훈독 とく / とける
음독 かい

解(と)く 풀다 예 問題(もんだい)を解(と)く 문제를 풀다
解(と)ける 풀리다
解決(かいけつ) 해결 | 解消(かいしょう) 해소 | 誤解(ごかい) 오해

---

254 **説**
말씀 설

훈독 とく
음독 せつ / ぜい

説(と)く 설명하다 | 口説(くど)く 설득하다
説明(せつめい) 설명 | 解説(かいせつ) 해설 | 小説(しょうせつ) 소설
遊説(ゆうぜい) 유세

---

255 **例**
법식 례

훈독 たとえる
음독 れい

例(たと)える 비유하다 | 例(たと)えば 예를 들면
例外(れいがい) 예외 | 例文(れいぶん) 예문 | 事例(じれい) 사례

---

256 **比** ★
견줄 비

훈독 くらべる
음독 ひ

比(くら)べる 비교하다
比較(ひかく) 비교 | 比率(ひりつ) 비율 | 比例(ひれい) 비례

257 **探** 찾을 **탐**

훈독 さがす / さぐる
음독 たん

探す(さがす) 찾다
探る(さぐる) 탐색하다, 살피다
探査(たんさ) 탐사 | 探偵(たんてい) 탐정

---

258 **調** 고를 **조**

훈독 しらべる
음독 ちょう

調べる(しらべる) 조사하다
調査(ちょうさ) 조사 | 調子(ちょうし) 상태 | 調節(ちょうせつ) 조절

---

259 **研** 갈 **연**

훈독 とぐ / みがく
음독 けん

研ぐ(とぐ) 갈다
研く(みがく) 닦다, 연마하다
研究所(けんきゅうしょ) 연구소 | 研修(けんしゅう) 연수

▶磨く(みがく)는 '문질러 닦다', '윤을 내다'라는 뜻입니다.

---

260 **究** 연구할 **구**

훈독 きわめる
음독 きゅう

究める(きわめる) 깊이 연구하다
研究(けんきゅう) 연구 | 探究(たんきゅう) 탐구 | 学究(がっきゅう) 학구

---

261 **賞** ★ 상줄 **상**

음독 しょう

賞(しょう) 상 | 鑑賞(かんしょう) 감상 | 受賞(じゅしょう) 수상
예 賞(しょう)をもらう 상을 받다

---

262 **卒** 마칠 **졸**

음독 そつ

卒業(そつぎょう) 졸업 | 卒業式(そつぎょうしき) 졸업식 | 大卒(だいそつ) 대졸

---

263 **業** ★ 업 **업**

훈독 わざ
음독 ぎょう

業(わざ) 소행, 짓 | 早業(はやわざ) 재빠르고 능란한 솜씨, 재주
営業(えいぎょう) 영업 | 企業(きぎょう) 기업 | 工業(こうぎょう) 공업 | 授業(じゅぎょう) 수업

Tip 왕초보 필수 한자어

한자 암기 동영상을 보면서 복습하세요

まな	学ぶ	배우다
だいがくせい	大学生	대학생
がっこう	学校	학교
もんだい	問題	문제
おし	教える	가르치다
きょうしつ	教室	교실
なら	習う	배우다
れんしゅう	練習	연습
こた	答える	대답하다
しゅっせき	出席	출석
べんきょう	勉強	공부
しけん	試験	시험
こうざ	講座	강좌
し	知る	알다
ちしき	知識	지식
にんしき	認識	인식
わだい	話題	화제
きょうかしょ	教科書	교과서
そだ	育てる	키우다
きょういく	教育	교육
かいけつ	解決	해결
せつめい	説明	설명
くら	比べる	비교하다
さが	探す	찾다
しら	調べる	조사하다
ちょうさ	調査	조사
けんきゅう	研究	연구
そつぎょう	卒業	졸업
じゅぎょう	授業	수업

연습문제

1 한자를 바르게 읽은 것을 고르세요.

1	練習	① しれん	② しゅうかん	③ ふくしゅう	④ れんしゅう
2	卒業	① そつこう	② そつきょう	③ そつごう	④ そつぎょう
3	出席	① しゅつせき	② しゅっせき	③ けつせき	④ けっせき
4	大学生	① たいがくせい	② たいがっせい	③ だいがくせい	④ だいがっせい
5	勉強	① めんきょう	② べんきょう	③ めんきょ	④ べんきょ

2 알맞은 한자를 고르세요.

1	きょうしつ	① 教会	② 教育	③ 教室	④ 講師
2	しけん	① 試験	② 実験	③ 経験	④ 体験
3	じゅぎょう	① 営業	② 工業	③ 企業	④ 授業
4	わだい	① 主題	② 話題	③ 宿題	④ 課題
5	ちょうさ	① 調子	② 調査	③ 調節	④ 研修

3 일본어 한자를 바르게 써 보세요.

1 문제 ______________________　2 교육 ______________________

3 설명 ______________________　4 해결 ______________________

5 연구 ______________________　6 상 ______________________

1 1.④ 2.④ 3.② 4.③ 5.②　**2** 1.③ 2.① 3.④ 4.② 5.②　**3** 1.問題(もんだい) 2.教育(きょういく) 3.説明(せつめい) 4.解決(かいけつ) 5.研究(けんきゅう) 6.賞(しょう)

Day 09

공부 순서 □ 한자 학습 ➡ □ 왕초보 필수 한자어 ➡ □ 연습문제 ➡ □ 한자 암기 동영상

회사·일과

MP3를 들어보세요

会社員(かいしゃいん) 회사원

就職(しゅうしょく) 취직

履歴書(りれきしょ) 이력서

給料(きゅうりょう) 급료, 봉급

仕事(しごと) 업무

残業(ざんぎょう) 잔업, 야근

264 ★ **会** 만날 **회**

훈독 あう
음독 かい / え

会う(あ) 만나다 | **出会い**(であ) 만남
会社(かいしゃ) 회사 | **会話**(かいわ) 회화 | **飲み会**(のかい) 회식
会得(えとく) 터득

265 **社** 모일 **사**

음독 しゃ / じゃ

社会(しゃかい) 사회 | **社交**(しゃこう) 사교 | **会社**(かいしゃ) 회사
神社(じんじゃ) 신사

266 **員** 인원 **원**

음독 いん

会社員(かいしゃいん) 회사원 | **公務員**(こうむいん) 공무원 | **全員**(ぜんいん) 전원 |
満員(まんいん) 만원

267 **仕** 섬길 **사**

훈독 つかえる
음독 し

仕える(つか) 섬기다
仕方(しかた) 방법 | **仕度**(したく) 준비, 채비

▶'준비'를 뜻하는 仕度(したく)는 한자를 支度로 쓰기도 합니다.

268 ★ **事** 일 **사**

훈독 こと
음독 じ

事柄(ことがら) 내용, 사정 | **仕事**(しごと) 일, 업무 | **出来事**(できごと) 사건, 일
事故(じこ) 사고 | **事務所**(じむしょ) 사무소 | **返事**(へんじ) 답장

269 ★ **応** 응할 **응**

훈독 こたえる
음독 おう

応える(こた) 응하다, 부응하다
応援(おうえん) 응원 | **応答**(おうとう) 응답 | **反応**(はんのう) 반응

▶反応(はんのう)는 ん 뒤에 おう가 와서 のう로 발음이 바뀐 것입니다.

270 **募** 뽑을 **모**

훈독 つのる
음독 ぼ

募る(つの) 심해지다, 모집하다 예 希望者を募る(きぼうしゃ, つの) 희망자를 모집하다
募金(ぼきん) 모금 | **募集**(ぼしゅう) 모집 | **応募**(おうぼ) 응모

271 □ □ □

就

나아갈 취

훈독 つく
음독 しゅう

就く(つ) 취임하다, 취업하다

就学(しゅうがく) 취학 | 就業(しゅうぎょう) 취업 | 就任(しゅうにん) 취임

272 □ □ □

職

직분 직

음독 しょく

職場(しょくば) 직장 | 就職(しゅうしょく) 취직 | 退職(たいしょく) 퇴직

273 □ □ □

勤 ★

부지런할 근

훈독 つとめる
つとまる
음독 きん

勤める(つと) 근무하다

勤まる(つと) (일을) 감당해 내다

勤勉(きんべん) 근면 | 通勤(つうきん) 통근 | 転勤(てんきん) 전근

274 □ □ □

務

힘쓸 무

훈독 つとめる
음독 む

務める(つと) (역할을) 맡다

業務(ぎょうむ) 업무 | 勤務(きんむ) 근무 | 乗務員(じょうむいん) 승무원

275 □ □ □

労

일할 로

음독 ろう

労働(ろうどう) 노동 | 過労(かろう) 과로 | 勤労(きんろう) 근로 | 疲労(ひろう) 피로

Tip

직업의 종류

公務員(こうむいん)	공무원	美容師(びようし)	미용사	作家(さっか)	작가
先生(せんせい)	선생님	プログラマー	프로그래머	販売員(はんばいいん)	판매원
医者(いしゃ)	의사	学生(がくせい)	학생		
デザイナー	디자이너	主婦(しゅふ)	주부		

276 ★

働

훈독 はたらく
음독 どう

일할 동

働く(はたら) 일하다 | 共働き(ともばたら) 맞벌이
稼働(かどう) 가동 | 労働(ろうどう) 노동

277

営

훈독 いとなむ
음독 えい

경영할 영

営む(いとな) 영위하다, 경영하다
営業(えいぎょう) 영업 | 運営(うんえい) 운영 | 経営(けいえい) 경영

278

企

훈독 たくらむ
음독 き

꾀할 기

企む(たくら) 꾀하다, 꾸미다 예 悪事(あくじ)を企む(たくら) 못된 짓을 꾀하다
企画(きかく) 기획 | 企業(きぎょう) 기업

279

組

훈독 くむ
음독 そ

짤 조

組む(く) 짜다, 끼다 예 腕(うで)を組む(く) 팔짱을 끼다
組織(そしき) 조직

---

280 ★

役

음독 えき
やく

부릴 역

懲役(ちょうえき) 징역 | 兵役(へいえき) 병역
役所(やくしょ) 관공서 | 役立つ(やくだ) 쓸모 있다, 도움이 되다 | 役割(やくわり) 역할

281

司

음독 し

맡을 사

司会(しかい) 사회 | 司法(しほう) 사법 | 上司(じょうし) 상사

282

部

음독 ぶ

거느릴 부

部下(ぶか) 부하 | 部署(ぶしょ) 부서 | 全部(ぜんぶ) 전부

283 **参** 참여할 참

훈독 まいる
음독 さん

参る(まいる) 가시다, 오시다(겸양어) | **お墓参り**(おはかまいり) 성묘
参加(さんか) 참가 | **参考**(さんこう) 참고

---

284 **成** ★ 이룰 성

훈독 なす / なる
음독 せい

成す(なす) 이루다
成る(なる) 이루어지다
成績(せいせき) 성적 | **成長**(せいちょう) 성장 | **完成**(かんせい) 완성

---

285 **功** 공 공

음독 こう

功績(こうせき) 공적 | **功労**(こうろう) 공로 | **成功**(せいこう) 성공

---

286 **責** ★ 꾸짖을 책

훈독 せめる
음독 せき

責める(せめる) 혼내다
責任(せきにん) 책임 | **責務**(せきむ) 책무 | **自責**(じせき) 자책

---

287 **任** 맡길 임

훈독 まかせる
음독 にん

任せる(まかせる) 맡기다
任務(にんむ) 임무 | **担任**(たんにん) 담임 | **赴任**(ふにん) 부임

---

288 **担** 멜 담

훈독 かつぐ
음독 たん

担ぐ(かつぐ) 메다, 지다
担当(たんとう) 담당 | **負担**(ふたん) 부담 | **分担**(ぶんたん) 분담

---

289 **契** 맺을 계

음독 けい

契機(けいき) 계기 | **契約**(けいやく) 계약

290 **給** 줄 **급**

음독 きゅう

給料(きゅうりょう) 급료, 봉급 | 供給(きょうきゅう) 공급 | 支給(しきゅう) 지급

291 **残** ★ 남을 **잔**

훈독 のこす / のこる
음독 ざん

残す(のこす) 남기다
残る(のこる) 남다 예 お金(かね)が残(のこ)る 돈이 남다
残業(ざんぎょう) 잔업, 야근 | 残念(ざんねん) 유감스러움, 아쉬움

292 **工** ★ 장인 **공**

음독 こう / く

工学(こうがく) 공학 | 工事(こうじ) 공사 | 工場(こうじょう) 공장
工夫(くふう) 궁리, 고안 | 大工(だいく) 목수

293 **発** ★ 필 **발**

음독 はつ / ほつ

発熱(はつねつ) 발열 | 発見(はっけん) 발견 | 発表(はっぴょう) 발표 | 出発(しゅっぱつ) 출발
発作(ほっさ) 발작

294 **展** 펼 **전**

음독 てん

展示(てんじ) 전시 | 展覧会(てんらんかい) 전람회 | 発展(はってん) 발전

295 **改** ★ 고칠 **개**

훈독 あらためる / あらたまる
음독 かい

改める(あらためる) 변경하다, 개선하다 예 規則(きそく)を改(あらた)める 규칙을 고치다
改まる(あらたまる) 변경되다, 개선되다
改革(かいかく) 개혁 | 改札口(かいさつぐち) 개찰구 | 改良(かいりょう) 개량

296 **達** ★ 통달할 **달**

음독 たつ / たち / だち

伝達(でんたつ) 전달 | 配達(はいたつ) 배달 | 達成(たっせい) 달성
子供達(こどもたち) 아이들
友達(ともだち) 친구(들)

Tip 왕초보 필수 한자어

한자 암기 동영상을 보면서 복습하세요

会う	あ	만나다
会話	かいわ	회화
会社	かいしゃ	회사
仕方	しかた	방법
事故	じこ	사고
返事	へんじ	답장
応援	おうえん	응원
募集	ぼしゅう	모집
就職	しゅうしょく	취직
働く	はたら	일하다
営業	えいぎょう	영업
企業	きぎょう	기업
組織	そしき	조직
上司	じょうし	상사
部下	ぶか	부하
参加	さんか	참가
成績	せいせき	성적
成功	せいこう	성공
責任	せきにん	책임
担任	たんにん	담임
契約	けいやく	계약
給料	きゅうりょう	급료, 봉급
残る	のこ	남다
残業	ざんぎょう	잔업, 야근
残念	ざんねん	유감스러움, 아쉬움
工夫	くふう	궁리, 고안

연습문제

1 한자를 바르게 읽은 것을 고르세요.

1	営業	①きぎょう	②えいぎょう	③えいきょう	④ききょう
2	就職	①しゅしょく	②しゅうしょく	③そしき	④そうしき
3	契約	①けやく	②げやく	③けいやく	④げいやく
4	出発	①しゅつはつ	②しゅっはつ	③しゅっぱつ	④しゅっばつ
5	工夫	①こんぶ	②ふうふ	③くふう	④しかた

2 알맞은 한자를 고르세요.

1	きゅうりょう	①給料	②急料	③級与	④拾与
2	じょうし	①部下	②参加	③上司	④組織
3	ともだち	①供達	②友達	③友建	④親戚
4	おうえん	①応答	②返事	③応援	④反応
5	せいせき	①責任	②成長	③完成	④成績

3 일본어 한자를 바르게 써 보세요.

1 회사 ______________

2 잔업, 야근 ______________

3 사고 ______________

4 기업 ______________

5 성공 ______________

6 일, 업무 ______________

1 1.② 2.② 3.③ 4.③ 5.③ **2** 1.① 2.③ 3.② 4.③ 5.④ **3** 1.会社(かいしゃ) 2.残業(ざんぎょう) 3.事故(じこ) 4.企業(きぎょう) 5.成功(せいこう) 6.仕事(しごと)

Day 10

공부 순서 □ 한자 학습 ➡ □ 왕초보 필수 한자어 ➡ □ 연습문제 ➡ □ 한자 암기 동영상

음식·음료

MP3를 들어보세요

ご飯(はん) 밥

牛肉(ぎゅうにく) 소고기

牛乳(ぎゅうにゅう) 우유

野菜(やさい) 야채, 채소

果物(くだもの) 과일

お茶(ちゃ) 차

297 ★ **食** 먹을 **식**
- 훈독: たべる / くう
- 음독: しょく / じき

食(た)べる 먹다 | 食(た)べすぎる 과식하다 | 食(た)べ物(もの) 음식물
食(く)う 먹다
食後(しょくご) 식후 | 食事(しょくじ) 식사
断食(だんじき) 단식

298 **堂** 집 **당**
- 음독: どう

堂々(どうどう)と 당당히 | 講堂(こうどう) 강당 | 食堂(しょくどう) 식당 | 殿堂(でんどう) 전당
예 芸術(げいじゅつ)の殿堂(でんどう) 예술의 전당

299 ★ **飲** 마실 **음**
- 훈독: のむ
- 음독: いん

飲(の)む 마시다 | 飲(の)み物(もの) 마실 것, 음료
飲酒(いんしゅ) 음주 | 飲食(いんしょく) 음식, 마시고 먹음 | 飲料水(いんりょうすい) 음료수

300 ★ **物** 물건 **물**
- 훈독: もの
- 음독: ぶつ / もつ

物(もの) 물건, 것 | 物語(ものがたり) 이야기 | 贈(おく)り物(もの) 선물
見物(けんぶつ) 구경 | 植物(しょくぶつ) 식물 | 動物(どうぶつ) 동물
荷物(にもつ) 짐 | 作物(さくもつ) 작물

301 **材** 재목 **재**
- 음독: ざい

材質(ざいしつ) 재질 | 教材(きょうざい) 교재 | 取材(しゅざい) 취재 | 木材(もくざい) 목재

302 ★ **料** 헤아릴 **료**
- 음독: りょう

料金(りょうきん) 요금 | 料理(りょうり) 요리 | 材料(ざいりょう) 재료

303 ★ **味** 맛 **미**
- 훈독: あじ / あじわう
- 음독: み

味(あじ) 맛 | 味見(あじみ) 맛을 봄
味(あじ)わう 맛보다
味覚(みかく) 미각 | 味方(みかた) 자기 편, 우군 | 意味(いみ) 의미 |
興味(きょうみ) 흥미

304 **甘** 달 감

- 훈독: あまい / あまえる
- 음독: かん

甘(あま)い 달다
甘(あま)える 응석 부리다
甘言(かんげん) 감언

305 **辛** 매울 신

- 훈독: からい / つらい
- 음독: しん

辛(から)い 맵다
辛(つら)い 괴롭다
辛抱(しんぼう) 인내 | 辛抱強(しんぼうづよ)い 인내심이 강하다 | 辛辣(しんらつ) 신랄

306 **飯** ★ 밥 반

- 훈독: めし
- 음독: はん

飯(めし) 밥 | 朝飯前(あさめしまえ) 식은 죽 먹기 | 握(にぎ)り飯(めし) 주먹밥
ご飯(はん) 밥 | 朝(あさ)ご飯(はん) 아침밥 | 昼(ひる)ご飯(はん) 점심밥 |
晩(ばん)ご飯(はん) 저녁밥

307 **肉** 고기 육

- 음독: にく

肉(にく) 고기 | 肉食(にくしょく) 육식 | 肉体(にくたい) 육체

308 **乳** 젖 유

- 훈독: ちち
- 음독: にゅう

乳(ちち) 젖
乳児(にゅうじ) 유아, 젖먹이 | 牛乳(ぎゅうにゅう) 우유 | 豆乳(とうにゅう) 두유

Tip

맛을 나타내는 표현

おいしい	맛있다	味(あじ)が薄(うす)い	싱겁다	あっさりしている	깔끔하다, 담백하다
まずい	맛없다	すっぱい	시다	甘酸(あまず)っぱい	새콤달콤하다
塩辛(しおから)い	짜다	苦(にが)い	쓰다	うまみがある	감칠맛이 있다
甘(あま)い	달다	脂(あぶら)っこい	기름지다, 느끼하다		
辛(から)い	맵다	渋(しぶ)い	떫다		

309 **菜** 나물 채

훈독 な
음독 さい

菜(な) 채소 | 菜の花(なのはな) 유채꽃
菜食(さいしょく) 채식 | 山菜(さんさい) 산채 | 白菜(はくさい) 배추 | 野菜(やさい) 야채, 채소

---

310 **茶** 차 다

음독 ちゃ
さ

お茶(ちゃ) 차 | 茶色(ちゃいろ) 갈색 | 茶碗(ちゃわん) 밥공기 | 紅茶(こうちゃ) 홍차
茶道(さどう) 다도

---

311 **酒** 술 주

훈독 さけ
음독 しゅ

酒(さけ) 술
飲酒(いんしゅ) 음주 | 果実酒(かじつしゅ) 과실주 | 禁酒(きんしゅ) 금주

---

312 **酔** 취할 취

훈독 よう
음독 すい

酔(よ)う 취하다 예 酒(さけ)に酔(よ)う 술에 취하다
麻酔(ますい) 마취 | 泥酔(でいすい) 만취

---

313 **杯** ★ 잔 배

훈독 さかずき
음독 はい

杯(さかずき) 술잔
~杯(はい) ~잔(잔 수를 세는 말) | 一杯(いっぱい) 한 잔, 가득 | 乾杯(かんぱい) 건배
예 一杯(いっぱい), 二杯(にはい), 三杯(さんばい), 四杯(よんはい), 五杯(ごはい), 六杯(ろっぱい), 七杯(ななはい),
八杯(はっぱい), 九杯(きゅうはい), 十杯(じゅっぱい)

---

314 **菓** 과자 과

음독 か

お菓子(かし) 과자 | 和菓子(わがし) 화과자, 일본 전통 과자

---

315 **果** 열매 과

훈독 はたす
はてる
음독 か

果(は)たす 다하다, 완수하다
果(は)てる 끝내다, 다하다
結果(けっか) 결과 | 効果(こうか) 효과
예외 果物(くだもの) 과일

316 **油** 기름 유

훈독 あぶら
음독 ゆ

油(あぶら) 기름
油断(ゆだん) 방심 | 石油(せきゆ) 석유

---

317 **塩** 소금 염

훈독 しお
음독 えん

塩(しお) 소금 | 塩辛(しおから)い 짜다
塩分(えんぶん) 염분 | 食塩水(しょくえんすい) 식염수

---

318 **湯** ★ 끓일 탕

훈독 ゆ
음독 とう

湯(ゆ) 뜨거운 물, 목욕물 | 湯船(ゆぶね) 욕조, 목욕통
銭湯(せんとう) 대중목욕탕 | 熱湯(ねっとう) 열탕

---

319 **卵** 알 란

훈독 たまご
음독 らん

卵(たまご) 달걀 | ゆで卵(たまご) 삶은 달걀
卵黄(らんおう) 노른자위 | 産卵(さんらん) 산란

---

320 **焼** ★ 불사를 소

훈독 やく
やける
음독 しょう

焼(や)く 태우다, 굽다 예 肉(にく)を焼(や)く 고기를 굽다
焼(や)ける 불타다, 구워지다
焼失(しょうしつ) 소실 | 焼酎(しょうちゅう) 소주 | 燃焼(ねんしょう) 연소

---

321 **煙** ★ 연기 연

훈독 けむる
음독 えん

煙(けむ)る 연기가 나다
煙突(えんとつ) 굴뚝 | 喫煙(きつえん) 흡연 | 禁煙(きんえん) 금연

---

322 **栄** 영화로울 영

훈독 さかえる
음독 えい

栄(さか)える 번영하다
栄光(えいこう) 영광 | 栄養(えいよう) 영양 | 繁栄(はんえい) 번영

Tip 왕초보 필수 한자어

한자 암기 동영상을 보면서 복습하세요

食べ物	たもの	음식물
食事	しょくじ	식사
食堂	しょくどう	식당
飲み物	のもの	마실 것, 음료
動物	どうぶつ	동물
荷物	にもつ	짐
教材	きょうざい	교재
料理	りょうり	요리
味	あじ	맛
興味	きょうみ	흥미
辛い	つら	괴롭다
ご飯	はん	밥
牛乳	ぎゅうにゅう	우유
野菜	やさい	야채, 채소
お菓子	かし	과자
果物	くだもの	과일
油	あぶら	기름
塩	しお	소금
卵	たまご	달걀
禁煙	きんえん	금연
栄養	えいよう	영양

연습문제

1 한자를 바르게 읽은 것을 고르세요.

1	食堂	① しょくとう	② しょくどう	③ しょくじ	④ いんしょく
2	果物	① たべもの	② のみもの	③ くたもの	④ くだもの
3	荷物	① とうぶつ	② どうぶつ	③ にもの	④ にもつ
4	興味	① こうみ	② ごうび	③ きょうみ	④ ぎょうみ
5	禁煙	① きんえん	② ぎんえん	③ きんねん	④ ぎんねん

2 알맞은 한자를 고르세요.

1	ぎゅうにゅう	① 豆乳	② 牛乳	③ 牛肉	④ 乳児
2	やさい	① 白菜	② 菜食	③ 山菜	④ 野菜
3	きょうざい	① 材質	② 教材	③ 取材	④ 教育
4	りょうり	① 科利	② 料利	③ 料理	④ 科理
5	えいよう	① 栄養	② 栄光	③ 繁栄	④ 喫煙

3 일본어 한자를 바르게 써 보세요.

1 맛 ____________　　2 기름 ____________

3 달걀 ____________　　4 고기 ____________

5 결과 ____________　　6 식사 ____________

1 1. ② 2. ④ 3. ④ 4. ③ 5. ①　**2** 1. ② 2. ④ 3. ② 4. ③ 5. ①　**3** 1. 味(あじ) 2. 油(あぶら) 3. 卵(たまご) 4. 肉(にく) 5. 結果(けっか) 6. 食事(しょくじ)

공부 순서 □ 한자 학습 ➡ □ 왕초보 필수 한자어 ➡ □ 연습문제 ➡ □ 한자 암기 동영상

감정·사고

MP3를 들어보세요

楽(たの)しい 즐겁다

悲(かな)しい 슬프다

怒(おこ)る 화내다

驚(おどろ)く 놀라다

笑(わら)う 웃다

泣(な)く 울다

323 ★
☐ ☐ ☐

心

마음 심

훈독 こころ
음독 しん

心(こころ) 마음 | 真心(まごころ) 진심
心配(しんぱい) 걱정 | 心理(しんり) 심리 | 中心(ちゅうしん) 중심 | 熱心(ねっしん) 열심

324
☐ ☐ ☐

情

뜻 정

훈독 なさけ
음독 じょう

情け(なさけ) 정 | 情けない(なさけない) 한심하다
情報(じょうほう) 정보 | 愛情(あいじょう) 애정 | 事情(じじょう) 사정

---

325 ★
☐ ☐ ☐

思

생각할 사

훈독 おもう
음독 し

思う(おもう) 생각하다 | 思い出す(おもいだす) 생각해 내다, 상기하다 |
思い出(おもいで) 추억
思想(しそう) 사상 | 不思議(ふしぎ) 이상함

---

326 ★
☐ ☐ ☐

考

생각할 고

훈독 かんがえる
음독 こう

考える(かんがえる) 생각하다 | 考え方(かんがえかた) 사고방식
参考書(さんこうしょ) 참고서 | 思考(しこう) 사고 | 思考力(しこうりょく) 사고력

▶思う(생각하다)는 감정이나 감각을 나타내는 생각, 考える(생각하다, 상기하다)는 논리적인 사고를 나타냅니다.

327
☐ ☐ ☐

想

생각할 상

음독 そう

想像(そうぞう) 상상 | 感想(かんそう) 감상 | 幻想(げんそう) 환상 | 予想(よそう) 예상

---

328 ★
☐ ☐ ☐

意

뜻 의

음독 い

意外(いがい) 의외 | 意見(いけん) 의견 | 意地悪(いじわる) 심술궂음 |
意味(いみ) 의미 | 注意(ちゅうい) 주의

329
☐ ☐ ☐

志

뜻 지

훈독 こころざす
음독 し

志す(こころざす) 뜻을 두다, 지망하다
志願(しがん) 지원 | 志望(しぼう) 지망 | 意志(いし) 의지

330 忘 잊을 망
훈독 わすれる
음독 ぼう

忘(わす)れる 잊다 | 忘(わす)れ物(もの) 잊은 물건
忘年会(ぼうねんかい) 망년회

331 歓 기뻐할 환
음독 かん

歓喜(かんき) 환희 | 歓迎(かんげい) 환영 | 歓声(かんせい) 환성, 기뻐 고함치는 소리 |
歓待(かんたい) 환대

332 喜 기쁠 희
훈독 よろこぶ
음독 き

喜(よろこ)ぶ 기뻐하다
喜劇(きげき) 희극 | 歓喜(かんき) 환희

333 快 쾌할 쾌
훈독 こころよい
음독 かい

快(こころよ)い 상쾌하다
快感(かいかん) 쾌감 | 快速(かいそく) 쾌속 | 愉快(ゆかい) 유쾌

334 楽 ★ 즐거울 락 악기 악
훈독 たのしい たのしむ
음독 がく らく

楽(たの)しい 즐겁다
楽(たの)しむ 즐기다, 기뻐하다 | 楽(たの)しみ 즐거움
音楽(おんがく) 음악 | 楽器(がっき) 악기
楽園(らくえん) 낙원 | 快楽(かいらく) 쾌락 | 気楽(きらく) 마음이 편함

335 幸 ★ 다행 행
훈독 しあわせ さいわい
음독 こう

幸(しあわ)せ 행복
幸(さいわ)い 다행히
幸運(こううん) 행운 | 幸福(こうふく) 행복 | 不幸(ふこう) 불행

336 福 복 복
음독 ふく

福(ふく) 복 | 福祉(ふくし) 복지 | 幸福(こうふく) 행복 | 祝福(しゅくふく) 축복

337 ★

恋

그리워할 련

훈독 こい
음독 れん

恋(こい) 사랑 | 恋(こい)しい 그립다 | 恋人(こいびと) 애인
恋愛(れんあい) 연애 | 失恋(しつれん) 실연

338

愛

사랑할 애

훈독 いとしい
음독 あい

愛(いと)しい 사랑스럽다
愛嬌(あいきょう) 애교 | 愛情(あいじょう) 애정 | 愛着(あいちゃく) 애착

339

希

바랄 희

음독 き

希少価値(きしょうかち) 희소가치 | 希薄(きはく) 희박 | 希望(きぼう) 희망 |
古希(こき) 고희, 70세(古稀라고도 씀)

340

望

바랄 망

훈독 のぞましい
のぞむ
음독 ぼう

望(のぞ)ましい 바람직하다
望(のぞ)む 바라다, 원하다
望遠鏡(ぼうえんきょう) 망원경 | 失望(しつぼう) 실망 | 絶望(ぜつぼう) 절망

341

祈

빌 기

훈독 いのる
음독 き

祈(いの)る 기도하다, 기원하다 예 幸福(こうふく)を祈(いの)る 행복을 빌다
祈願(きがん) 기원

342 ★

願

원할 원

훈독 ねがう
음독 がん

願(ねが)う 바라다, 원하다
예 よろしくお願(ねが)いします 잘 부탁합니다
願書(がんしょ) 원서 | 願望(がんぼう) 원하고 바람, 소원

343

欲

하고자할 욕

훈독 ほしい
음독 よく

欲(ほ)しい 갖고 싶다
欲張(よくば)り 욕심쟁이 | 欲望(よくぼう) 욕망 | 食欲(しょくよく) 식욕

344 **笑** ★

웃을 소

훈독 わらう
えむ

음독 しょう

笑(わら)う 웃다
笑(え)む 웃다 | 微笑(ほほえ)む 미소 짓다
微笑(びしょう) 미소 | 冷笑(れいしょう) 냉소

---

345 **泣**

울 읍

훈독 なく

음독 きゅう

泣(な)く 울다 | 泣(な)き虫(むし) 울보
号泣(ごうきゅう)する 소리 높여 울다

---

346 **悲** ★

슬플 비

훈독 かなしい
かなしむ

음독 ひ

悲(かな)しい 슬프다
悲(かな)しむ 슬퍼하다
悲観(ひかん) 비관 | 悲劇(ひげき) 비극 | 悲鳴(ひめい) 비명

---

347 **涙**

눈물 루

훈독 なみだ

음독 るい

涙(なみだ) 눈물 예 涙(なみだ)が出(で)る 눈물이 나다
催涙弾(さいるいだん) 최루탄

---

348 **怒**

성낼 노

훈독 おこる
いかる

음독 ど

怒(おこ)る 화내다, 혼내다
怒(いか)る 화내다 | 怒(いか)り 화, 분노
喜怒哀楽(きどあいらく) 희로애락 | 激怒(げきど) 격노

---

349 **謝**

사례할 사

훈독 あやまる

음독 しゃ

謝(あやま)る 사과하다
謝罪(しゃざい) 사죄 | 感謝(かんしゃ) 감사

---

350 **苦**

쓸 고

훈독 くるしい
くるしむ
にがい

음독 く

苦(くる)しい 괴롭다
苦(くる)しむ 괴로워하다
苦(にが)い (맛이) 쓰다 | 苦手(にがて) 잘 못함, 서투름, 대하기 힘든 상대
苦情(くじょう) 불평, 불만 | 苦労(くろう) 고생, 수고

351 **悩**
☐ ☐ ☐
번뇌할 **뇌**

훈독 なやむ
음독 のう

悩(なや)**む** 고민하다 | **悩**(なや)**み** 고민
苦悩(くのう) 고뇌

---

352 **困** ★
☐ ☐ ☐
곤할 **곤**

훈독 こまる
음독 こん

困(こま)**る** 곤란하다, 난처하다
困難(こんなん) 곤란 | **貧困**(ひんこん) 빈곤

---

353 **怖**
☐ ☐ ☐
두려워할 **포**

훈독 こわい
음독 ふ

怖(こわ)**い** 무섭다
恐怖(きょうふ) 공포

---

354 **驚** ★
☐ ☐ ☐
놀랄 **경**

훈독 おどろく
おどろかす
음독 きょう

驚(おどろ)**く** 놀라다
驚(おどろ)**かす** 놀라게 하다
驚異的(きょういてき) 경이적 | **驚嘆**(きょうたん) 경탄

---

355 **疑**
☐ ☐ ☐
의심할 **의**

훈독 うたがう
음독 ぎ

疑(うたが)**う** 의심하다 예 目(め)を疑(うたが)う 눈을 의심하다
疑問(ぎもん) 의문 | **疑惑**(ぎわく) 의혹 | **容疑**(ようぎ) 용이

---

356 **恥**
☐ ☐ ☐
부끄러울 **치**

훈독 はじる
はずかしい
음독 ち

恥(は)**じる** 부끄러워하다 | **恥**(はじ) 부끄러움
恥(は)**ずかしい** 부끄럽다
羞恥心(しゅうちしん) 수치심

---

357 **秘** ★
☐ ☐ ☐
숨길 **비**

훈독 ひめる
음독 ひ

秘(ひ)**める** 숨기다, 간직하다 예 胸(むね)に秘(ひ)める 마음속에 간직하다
秘訣(ひけつ) 비결 | **秘書**(ひしょ) 비서 | **秘密**(ひみつ) 비밀

Tip 왕초보 필수 한자어

한자 암기 동영상을
보면서 복습하세요

心配（しんぱい）	걱정
情報（じょうほう）	정보
思い出（おもいで）	추억
不思議（ふしぎ）	이상함
考える（かんがえる）	생각하다
想像（そうぞう）	상상
注意（ちゅうい）	주의
忘れ物（わすれもの）	잊은 물건
喜ぶ（よろこぶ）	기뻐하다
楽しみ（たのしみ）	즐거움
幸せ（しあわせ）	행복
幸運（こううん）	행운
恋愛（れんあい）	연애
希望（きぼう）	희망
笑う（わらう）	웃다
泣く（なく）	울다
悲しい（かなしい）	슬프다
涙（なみだ）	눈물
怒る（おこる）	화내다, 혼내다
感謝（かんしゃ）	감사
苦しい（くるしい）	괴롭다
苦い（にがい）	쓰다
悩む（なやむ）	고민하다
困る（こまる）	곤란하다, 난처하다
怖い（こわい）	무섭다
恐怖（きょうふ）	공포
驚く（おどろく）	놀라다
恥ずかしい（はずかしい）	부끄럽다

연습문제

1 한자를 바르게 읽은 것을 고르세요.

1 心配　① しんはい　② しんばい　③ しんぱい　④ しっぱい

2 情報　① しょうほ　② しょうほう　③ じょほう　④ じょうほう

3 感謝　① かんし　② かんしゃ　③ がんしゃ　④ かんじゃ

4 幸運　① こうん　② ごうん　③ こううん　④ ごううん

5 希望　① きほ　② きぼ　③ きほう　④ きぼう

2 알맞은 한자를 고르세요.

1 そうぞう　① 想像　② 思像　③ 想象　④ 思象

2 ふしぎ　① 不思義　② 不思議　③ 不気味　④ 無愛想

3 こまる　① 困る　② 因る　③ 苦る　④ 怒る

4 なく　① 悩く　② 喜く　③ 笑く　④ 泣く

5 おどろく　① 怖く　② 幸く　③ 驚く　④ 悲く

3 일본어 한자를 바르게 써 보세요.

1 심리 ______________　2 의미 ______________

3 예상 ______________　4 음악 ______________

5 불행 ______________　6 의지 ______________

1 1. ③ 2. ④ 3. ② 4. ③ 5. ④　**2** 1. ① 2. ② 3. ① 4. ④ 5. ③　**3** 1. 心理(しんり) 2. 意味(いみ) 3. 予想(よそう) 4. 音楽(おんがく) 5. 不幸(ふこう) 6. 意志(いし)

Day 12

공부 순서 □ 한자 학습 ➡ □ 왕초보 필수 한자어 ➡ □ 연습문제 ➡ □ 한자 암기 동영상

의견·평가

MP3를 들어보세요

긍정의 의견 평가

- 肯定(こうてい) 긍정
- 賛成(さんせい) 찬성
- 良(い)い 좋다
- 好(す)きだ 좋아하다
- 認(みと)める 인정하다
- 関心(かんしん)を示(しめ)す 관심을 보이다

부정의 의견 평가

- 否定(ひてい) 부정
- 反対(はんたい) 반대
- 悪(わる)い 나쁘다
- 嫌(きら)いだ 싫어하다
- 無視(むし)する 무시하다
- 断(ことわ)る 거절하다

358 **評**

평할 평

음독 ひょう

評価(ひょうか) 평가 | 評判(ひょうばん) 평판 | 評論家(ひょうろんか) 평론가 | 論評(ろんぴょう) 논평

---

359 **判**

판단할 판

음독 はん / ばん / ぱん

判断(はんだん) 판단 | 判明(はんめい) 판명 | 批判(ひはん) 비판

裁判(さいばん) 재판 | 評判(ひょうばん) 평판

審判(しんぱん) 심판

---

360 **認** ★

알 인

훈독 みとめる

음독 にん

認(みと)める 인정하다 예 犯行(はんこう)を認(みと)める 범행을 인정하다

認識(にんしき) 인식 | 認定(にんてい) 인정 | 確認(かくにん) 확인

---

361 **断**

끊을 단

훈독 ことわる / たつ

음독 だん

断(ことわ)る 거절하다

断(た)つ 끊다

断定(だんてい) 단정 | 横断(おうだん) 횡단 | 中断(ちゅうだん) 중단

---

362 **決** ★

결단할 결

훈독 きめる / きまる

음독 けつ

決(き)める 정하다

決(き)まる 정해지다

決意(けつい) 결의 | 解決(かいけつ) 해결 | 決心(けっしん) 결심

---

363 **定** ★

정할 정

훈독 さだか / さだめる / さだまる

음독 てい

定(さだ)か 명확함, 확실함

定(さだ)める 정하다, 결정하다

定(さだ)まる 정해지다, 안정되다

定期(ていき) 정기 | 肯定(こうてい) 긍정 | 予定(よてい) 예정 | 決定(けってい) 결정

---

364 **示**

보일 시

훈독 しめす

음독 じ / し

示(しめ)す 보이다 예 関心(かんしん)を示(しめ)す 관심을 보이다

掲示板(けいじばん) 게시판 | 指示(しじ) 지시 | 展示会(てんじかい) 전시회

示唆(しさ) 시사

365 **賛** 도울 찬 □□□

음독 さん

賛成(さんせい) 찬성 | 賛否(さんぴ) 찬부, 찬성과 반대 | 絶賛(ぜっさん) 절찬

366 **義** 옳을 의 □□□

음독 ぎ

義務(ぎむ) 의무 | 義理(ぎり) 의리 | 意義(いぎ) 의의, 뜻

367 **正** ★ 바를 정 □□□

훈독 ただしい / ただす / まさに

正(ただ)しい 바르다, 옳다

正(ただ)す 바로잡다

正(まさ)に 바로, 틀림없이

음독 せい

正確(せいかく) 정확 | 正義(せいぎ) 정의 | 正式(せいしき) 정식 | 正当(せいとう) 정당 |

正門(せいもん) 정문

しょう

正直(しょうじき) 정직 | 正面(しょうめん) 정면 | 正札(しょうふだ) 정찰, 정가표 |

お正月(しょうがつ) 정월

368 **反** 되돌릴 반 □□□

훈독 そらす / そる

反(そ)らす 휘게 하다, 젖히다

反(そ)る 휘다

음독 はん

反(はん)する 반하다, 어긋나다 | 反省(はんせい) 반성 | 違反(いはん) 위반

369 **対** ★ 대할 대 □□□

음독 たい / つい

対応(たいおう) 대응 | 対策(たいさく) 대책 | 反対(はんたい) 반대 | 絶対(ぜったい) 절대

一対(いっつい) 한 쌍, 한 벌

370 **不** ★ 아닐 불 / 아닐 부 □□□

음독 ふ

不安(ふあん) 불안 | 不自由(ふじゆう) 부자유, 부자연스러움 | 不便(ふべん) 불편 |

不満(ふまん) 불만

ぶ

不用心(ぶようじん) 조심하지 않음

371 **否** 아닐 **부**

훈독 いな
음독 ひ

否(いな) 아니 | ～や否(いな)や ～하자마자
否定(ひてい) 부정 | 拒否(きょひ) 거부 | 安否(あんぴ) 안부

372 **未** ★ 아닐 **미**

음독 み

未成年者(みせいねんしゃ) 미성년자 | 未満(みまん) 미만 | 未来(みらい) 미래

373 **非** 아닐 **비**

음독 ひ

非公式(ひこうしき) 비공식 | 非常(ひじょう)に 몹시, 매우 | 非難(ひなん) 비난 |
是非(ぜひ) 꼭, 반드시

374 **美** 아름다울 **미**

훈독 うつくしい
음독 び

美(うつく)しい 아름답다
美術(びじゅつ) 미술 | 美人(びじん) 미인 | 美容室(びようしつ) 미용실

375 **好** ★ 좋을 **호**

훈독 このむ
すく
음독 こう

好(この)む 좋아하다, 즐기다
好(す)く 좋아하다, 사랑하다 | 好(す)き 좋아함 |
好(す)き嫌(きら)い 좋아함과 싫어함
好感(こうかん) 호감 | 好奇心(こうきしん) 호기심 | 友好(ゆうこう) 우호

376 **嫌** ★ 싫어할 **혐**

훈독 きらう
いや
음독 けん

嫌(きら)う 싫어하다 | 嫌(きら)い 싫어함, 싫음
嫌(いや) 싫음
嫌悪(けんお) 혐오 | 嫌疑(けんぎ) 혐의

377 **良** 어질 **량**

훈독 よい
음독 りょう

良(よ)い 좋다(=いい) | 良(よ)く 잘, 자주, 좋게
良心(りょうしん) 양심 | 改良(かいりょう) 개량 | 不良(ふりょう) 불량

378 **悪** ★
악할 악
미워할 오

훈독 わるい
음독 あく
お

悪い(わるい) 나쁘다 | 悪気(わるぎ) 악의 | 悪口(わるぐち) 욕
悪人(あくにん) 악인 | 悪用(あくよう) 악용
悪寒(おかん) 오한

---

379 **善**
착할 선

훈독 よい
음독 ぜん

善い(よい) 좋다, 선량하다
善悪(ぜんあく) 선악 | 改善(かいぜん) 개선 | 最善(さいぜん) 최선

---

380 **勧**
권할 권

훈독 すすめる
음독 かん

勧める(すすめる) 권하다 예 加入(かにゅう)を勧める(すすめる) 가입을 권유하다
勧善懲悪(かんぜんちょうあく) 권선징악 | 勧誘(かんゆう) 권유

---

381 **誘** ★
꾈 유

훈독 さそう
음독 ゆう

誘う(さそう) 권유하다, 꾀다
예 旅行(りょこう)に誘う(さそう) 여행을 같이 가자고 권유하다
誘拐(ゆうかい) 유괴 | 誘発(ゆうはつ) 유발 | 誘惑(ゆうわく) 유혹

---

382 **許**
허락할 허

훈독 ゆるす
음독 きょ

許す(ゆるす) 허락하다, 용서하다 예 結婚(けっこん)を許す(ゆるす) 결혼을 허락하다
許可(きょか) 허가 | 許容(きょよう) 허용 | 免許(めんきょ) 면허

---

383 **必**
반드시 필

훈독 かならず
음독 ひつ

必ず(かならず) 반드시
必要(ひつよう) 필요 | 必死(ひっし) 필사 | 必須(ひっす) 필수

---

384 **要**
요긴할 요

훈독 いる
음독 よう

要る(いる) 필요하다 | 要らない(いらない) 필요 없다
要するに(ようするに) 요컨대 | 要素(ようそ) 요소 | 重要(じゅうよう) 중요

385 ☐ ☐ ☐

求

구할 구

훈독 もとめる

음독 きゅう

求(もと)める 요구하다, 요청하다

예 助(たす)けを求(もと)める 도움을 요청하다

求婚(きゅうこん) 구혼 | 請求(せいきゅう) 청구 | 要求(ようきゅう) 요구

Tip 읽는 법이 특수한 한자어

田舎(いなか)	시골	梅雨(つゆ)	장마
笑顔(えがお)	웃는 얼굴	手伝(てつだ)う	돕다, 거들다
大人(おとな)	어른, 성인	時計(とけい)	시계
風邪(かぜ)	감기	友達(ともだち)	친구
昨日(きのう)	어제	博士(はかせ)	박사
果物(くだもの)	과일	迷子(まいご)	미아
今朝(けさ)	오늘 아침	真(ま)っ赤(か)	새빨강, 진홍
景色(けしき)	경치	真(ま)っ青(さお)	새파람
心地(ここち)	심지, 마음씨	土産(みやげ)	(여행지 등에서 사 오는) 선물
今年(ことし)	올해	息子(むすこ)	아들
上手(じょうず)	능숙함, 숙달됨	眼鏡(めがね)	안경
相撲(すもう)	스모	八百屋(やおや)	야채 가게, 채소 가게
一日(ついたち)	1일, 초하루		

Tip 왕초보 필수 한자어

한자 암기 동영상을
보면서 복습하세요

みと	認める	인정하다
かくにん	確認	확인
ことわ	断る	거절하다
おうだん	横断	횡단
き	決める	정하다
かいけつ	解決	해결
けい じ ばん	掲示板	게시판
さんせい	賛成	찬성
ただ	正しい	바르다, 옳다
しょうじき	正直	정직
しょうがつ	お正月	정월
はんせい	反省	반성
い はん	違反	위반
ぜったい	絶対	절대
ふ べん	不便	불편
び じゅつ	美術	미술
び ようしつ	美容室	미용실
この	好む	좋아하다, 즐기다
す きら	好き嫌い	좋아함과 싫어함
きら	嫌い	싫어함, 싫음
い	良い	좋다(= よい)
ふ りょう	不良	불량
わる	悪い	나쁘다
すす	勧める	권하다
ゆる	許す	허락하다, 용서하다
きょ か	許可	허가
めんきょ	免許	면허
ひつよう	必要	필요
い	要る	필요하다
じゅうよう	重要	중요
もと	求める	요구하다, 요청하다
ようきゅう	要求	요구

연습문제

1 한자를 바르게 읽은 것을 고르세요.

1 掲示板 ①けいしはん ②けいしはん ③けいじばん ④げいじばん

2 美術 ①みしゅつ ②びしゅつ ③みじゅつ ④びじゅつ

3 免許 ①めんきょ ②めんきょう ③べんきょ ④べんきょう

4 賛成 ①さんしょう ②さんせい ③はんしょう ④はんせい

5 不満 ①ふあん ②ふべん ③みまん ④ふまん

2 알맞은 한자를 고르세요.

1 じゅうよう ①重用 ②重要 ③中用 ④美容

2 ぜったい ①違反 ②対応 ③絶対 ④対策

3 かくにん ①確認 ②認識 ③認定 ④確実

4 おうだん ①断定 ②応答 ③中断 ④横断

5 けっしん ①決意 ②決心 ③解決 ④結果

3 일본어 한자를 바르게 써 보세요.

1 해결 ____________ 2 반대 ____________

3 반성 ____________ 4 정직 ____________

5 필요 ____________ 6 불편 ____________

1 1.③ 2.④ 3.① 4.② 5.④ **2** 1.② 2.③ 3.① 4.④ 5.② **3** 1.解決(かいけつ) 2.反対(はんたい) 3.反省(はんせい) 4.正直(しょうじき) 5.必要(ひつよう) 6.不便(ふべん)

Day 13

공부 순서 □ 한자 학습 ➡ □ 왕초보 필수 한자어 ➡ □ 연습문제 ➡ □ 한자 암기 동영상

위치·방향

MP3를 들어보세요

うえ
上 위

した
下 아래

ひだり
左 왼쪽

みぎ
右 오른쪽

なか
中 가운데, 안

そと
外 밖

386 **位** 자리 위

훈독 くらい
음독 い

位(くらい) 지위, 계급
順位(じゅんい) 순위 | 上位(じょうい) 상위 | 単位(たんい) 단위, 학점

387 **置** ★ 둘 치

훈독 おく
음독 ち

置(お)く 두다, 놓다
位置(いち) 위치 | 設置(せっち) 설치 | 配置(はいち) 배치

388 **方** ★ 모 방

훈독 かた
음독 ほう

方(かた) 방향, 방법, 방식 | この方(かた) 이분 | 書(か)き方(かた) 쓰는 법 | 話(はな)し方(かた) 말투, 말하는 방법
方位(ほうい) 방위 | 方面(ほうめん) 방면 | 両方(りょうほう) 양쪽

389 **向** 향할 향

훈독 むける / むく / むかう / むこう
음독 こう

向(む)ける 향하게 하다, 돌리다 예 目(め)を向(む)ける 눈을 돌리다
向(む)く 향하다 예 右(みぎ)を向(む)く 오른쪽을 향하다
向(む)かう 마주 보다, 향해 가다 예 正面(しょうめん)に向(む)かう 정면을 보다
向(む)こう 맞은편, 건너편
向上(こうじょう) 향상(↔低下(ていか)) | 傾向(けいこう) 경향 | 方向(ほうこう) 방향

390 **上** ★ 윗 상

훈독 うえ / あがる / あげる / のぼる
음독 じょう

上(うえ) 위
上(あ)がる (성적 등이) 오르다 | 召(め)し上(あ)がる 드시다(飲(の)む(마시다), 食(た)べる(먹다)의 높임말)
上(あ)げる 올리다 | 差(さ)し上(あ)げる 드리다 | 申(もう)し上(あ)げる 말씀드리다(言(い)う(말하다)의 겸양어)
上(のぼ)る 올라가다
上位(じょうい) 상위 | 上手(じょうず) 잘함, 능숙함 | 地上(ちじょう) 지상
예외 上手(うま)い 잘하다 | 上着(うわぎ) 상의

391 ★

下

아래 하

훈독 した — 下(した) 아래

しも — 下(しも) 아래

おりる — 下(お)りる (아래로) 내리다 예 山(やま)を下(お)りる 산에서 내려오다

さがる — 下(さ)がる 내려가다, 떨어지다

さげる — 下(さ)げる 낮추다, 떨어뜨리다 예 値段(ねだん)を下(さ)げる 가격을 내리다

くださる — 下(くだ)さる 주시다 예 助(たす)けて下(くだ)さる 도와주시다

おろす — 下(お)ろす 내리다 예 車(くるま)から荷持(にもつ)を下(お)ろす 차에서 짐을 내리다

음독 か — 下流(かりゅう) 하류 | 地下鉄(ちかてつ) 지하철

げ — 下宿(げしゅく) 하숙 | 上下(じょうげ) 상하

---

392 ★

中

가운데 중

훈독 なか — 中(なか) 안(공간적 의미) | 中々(なかなか) 좀처럼, 꽤 | 中身(なかみ) 내용

음독 ちゅう — 中間(ちゅうかん) 중간 | 途中(とちゅう) 도중 | 話し中(はなしちゅう) 이야기 중

じゅう — 家中(いえじゅう) 온 집안 | 一日中(いちにちじゅう) 하루 종일

---

393 ★

左

왼 좌

훈독 ひだり — 左(ひだり) 왼쪽 | 左利き(ひだりきき) 왼손잡이 | 左手(ひだりて) 왼손

음독 さ — 左折(させつ) 좌회전

---

394 ★

右

오른 우

훈독 みぎ — 右(みぎ) 오른쪽 | 右足(みぎあし) 오른발 | 右側(みぎがわ) 오른쪽

음독 う — 右折(うせつ) 우회전

ゆう — 左右(さゆう) 좌우

395

内

안 내

훈독 うち — 内(うち) 안, 속 | 内側(うちがわ) 안쪽, 내면

음독 ない — 内容(ないよう) 내용 | 案内(あんない) 안내 | 国内(こくない) 국내

396 外 ★ 바깥 **외**

□ □ □

훈독 そと / ほか / はずす / はずれる

음독 がい / げ

- 外(そと) 밖 | 外側(そとがわ) 바깥쪽
- 外(ほか)に (그)외에
- 外(はず)す 떼다, 벗다 예 眼鏡(めがね)を外(はず)す 안경을 벗다
- 外(はず)れる 벗어나다, 어긋나다 | 町外(まちはず)れ 변두리
- 外国(がいこく) 외국 | 外部(がいぶ) 외부 | 郊外(こうがい) 교외
- 外科(げか) 외과

---

397 央 가운데 **앙**

□ □ □

음독 おう

- 中央(ちゅうおう) 중앙

---

398 辺 가 **변**

□ □ □

훈독 あたり

음독 へん

- 辺(あた)り 근처, 부근
- この辺(へん) 이 근처 | 周辺(しゅうへん) 주변 | 身辺(しんぺん) 신변

---

399 側 ★ 곁 **측**

□ □ □

훈독 がわ

음독 そく

- 側(がわ) 측, 쪽 | 右側(みぎがわ) 우측
- 側面(そくめん) 측면

---

400 並 ★ 나란히 **병**

□ □ □

훈독 ならべる / ならぶ / なみ

음독 へい

- 並(なら)べる 늘어놓다, 나란히 놓다 예 一列(いちれつ)に並(なら)べる 한 줄로 세우다
- 並(なら)ぶ 줄 서다, 늘어서다 예 店(みせ)が並(なら)ぶ 가게가 늘어서다
- ~並(な)み ~와 같은 수준
- 並行(へいこう) 병행 | 並列(へいれつ) 병렬

---

401 隣 이웃 **린**

□ □ □

훈독 となり

음독 りん

- 隣(となり) 이웃, 옆
- 隣国(りんごく) 이웃 나라 | 近隣(きんりん) 근린

402 **底** 밑 저

훈독 そこ
음독 てい

底(そこ) 밑바닥
海底(かいてい) 해저 | 徹底(てってい) 철저 | 到底(とうてい) 도저히

403 **東** ★ 동녘 동

훈독 ひがし
음독 とう

東(ひがし) 동쪽 | 東向(ひがしむ)き 동향
東京(とうきょう) 도쿄 | 東部(とうぶ) 동부 | 東洋(とうよう) 동양

404 **西** ★ 서녘 서

훈독 にし
음독 せい

西(にし) 서쪽 | 西風(にしかぜ) 서쪽 바람 | 西日(にしび) 서쪽 해
西部(せいぶ) 서부 | 西洋(せいよう) 서양 | 大西洋(たいせいよう) 대서양

405 **南** ★ 남녘 남

훈독 みなみ
음독 なん

南(みなみ) 남쪽 | 南半球(みなみはんきゅう) 남반구
南極(なんきょく) 남극 | 南部(なんぶ) 남부

406 **北** ★ 북녘 북 / 달아날 배

훈독 きた
음독 ほく

北(きた) 북쪽 | 北半球(きたはんきゅう) 북반구
北海道(ほっかいどう) 홋카이도 | 東西南北(とうざいなんぼく) 동서남북 | 敗北(はいぼく) 패배

Tip 왕초보 필수 한자어

한자 암기 동영상을
보면서 복습하세요

お	置く	두다, 놓다
か かた	書き方	쓰는 법
ほうめん	方面	방면
む	向かう	마주 보다, 향해 가다
ほうこう	方向	방향
うわ ぎ	上着	상의
じょう ず	上手	잘함, 능숙함
ち か てつ	地下鉄	지하철
と ちゅう	途中	도중
いちにちじゅう	一日中	하루 종일
ないよう	内容	내용
あんない	案内	안내
こくない	国内	국내
うち	内	안, 속
そと	外	밖
がいこく	外国	외국
ちゅうおう	中央	중앙
みぎがわ	右側	우측
ひだりがわ	左側	좌측
なら	並ぶ	줄 서다, 늘어서다
となり	隣	이웃, 옆
ちょくせつ	直接	직접
ひがし	東	동쪽
にし	西	서쪽
みなみ	南	남쪽
きた	北	북쪽

연습문제

1 한자를 바르게 읽은 것을 고르세요.

1	方向	① ほうめん	② ほうこう	③ りょうほう	④ ほうい
2	上着	① うえき	② うえぎ	③ うわき	④ うわぎ
3	地下鉄	① ちかてつ	② じかてつ	③ ちかでつ	④ じかでつ
4	右側	① みぎかわ	② みぎがわ	③ ひだりかわ	④ ひだりがわ
5	上手	① うえて	② じょうず	③ へた	④ からて

2 알맞은 한자를 고르세요.

1	きた	① 東	② 西	③ 南	④ 北
2	となり	① 辺	② 並	③ 隣	④ 側
3	こうがい	① 並列	② 国内	③ 郊外	④ 並行
4	ちょくせつ	① 面接	② 隣接	③ 直接	④ 途中
5	ちゅうおう	① 周辺	② 内側	③ 外側	④ 中央

3 일본어 한자를 바르게 써 보세요.

1 외국 ____________________　2 안내 ____________________

3 방면 ____________________　4 밖 ____________________

5 동서남북 ____________________　6 내용 ____________________

1 1. ② 2. ④ 3. ① 4. ② 5. ②　**2** 1. ④ 2. ③ 3. ③ 4. ③ 5. ④　**3** 1. 外国(がいこく) 2. 案内(あんない) 3. 方面(ほうめん) 4. 外(そと) 5. 東西南北(とうざいなんぼく) 6. 内容(ないよう)

Day 14

공부 순서 □ 한자 학습 ➡ □ 왕초보 필수 한자어 ➡ □ 연습문제 ➡ □ 한자 암기 동영상

물건·모양

MP3를 들어보세요

かがみ
鏡 거울

かみ
紙 종이

はこ
箱 상자

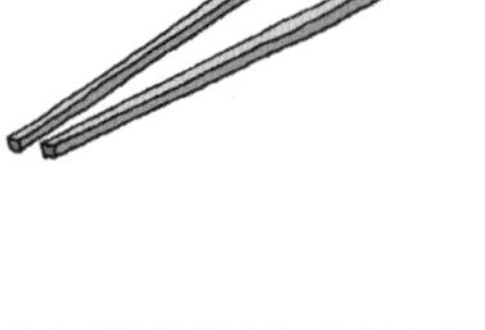

はし
箸 젓가락

かさ
傘 우산

つくえ
机 책상

407 **品** ★
□ □ □
물건 **품**

훈독 しな
음독 ひん

品(しな) 물건 | 品物(しなもの) 물건, 물품
品質(ひんしつ) 품질 | 商品(しょうひん) 상품 | 製品(せいひん) 제품

---

408 **容**
□ □ □
얼굴 **용**

음독 よう

容易(ようい) 용이 | 容量(ようりょう) 용량 | 内容(ないよう) 내용

---

409 **器**
□ □ □
그릇 **기**

훈독 うつわ
음독 き

器(うつわ) 그릇
器用(きよう) 솜씨가 좋음, 손재주가 있음 | 楽器(がっき) 악기 | 容器(ようき) 용기

---

410 **具**
□ □ □
갖출 **구**

음독 ぐ

具合(ぐあい) 형편, 상태 | 家具(かぐ) 가구 | 道具(どうぐ) 도구
예 具合(ぐあい)が悪(わる)い 몸 상태가 안 좋다

---

411 **機**
□ □ □
틀 **기**

훈독 はた
음독 き

機(はた) 베틀
機能(きのう) 기능 | 危機(きき) 위기 | 動機(どうき) 동기

---

412 **械**
□ □ □
기계 **계**

음독 かい

機械(きかい) 기계 | 器械(きかい) 기계

▶機械(기계)는 동력을 이용하여 움직이는 장치이며, 器械(기계)는 일정한 역할을 하는 도구의 뜻입니다.

製造機械(せいぞうきかい) 제조기계 / 医療器械(いりょうきかい) 의료기계

---

413 **箱** ★
□ □ □
상자 **상**

훈독 はこ

箱(はこ) 상자 | 貯金箱(ちょきんばこ) 저금통 | 筆箱(ふでばこ) 필통 |
段(だん)ボール箱(ばこ) 종이 박스, 종이 상자

414 ☐☐☐

棒

막대 **봉**

음독 ぼう

棒(ぼう) 막대기 | 泥棒(どろぼう) 도둑 | 鉄棒(てつぼう) 철봉

---

415 ☐☐☐

鏡

거울 **경**

훈독 かがみ

음독 きょう

鏡(かがみ) 거울

望遠鏡(ぼうえんきょう) 망원경 | 双眼鏡(そうがんきょう) 쌍안경

예외 眼鏡(めがね) 안경

---

416 ★ ☐☐☐

紙

종이 **지**

훈독 かみ

음독 し

紙(かみ) 종이 | 色紙(いろがみ) 색종이 | 手紙(てがみ) 편지

紙面(しめん) 지면 | 表紙(ひょうし) 표지 | 用紙(ようし) 용지

---

417 ☐☐☐

券

문서 **권**

음독 けん

食券(しょっけん) 식권 | 乗車券(じょうしゃけん) 승차권 | 入場券(にゅうじょうけん) 입장권

---

418 ★ ☐☐☐

缶

두레박 **관**

음독 かん

缶(かん) 캔, 깡통 | 缶詰(かんづめ) 통조림 | 空き缶(あきかん) 빈 깡통

---

419 ☐☐☐

宝

보배 **보**

훈독 たから

음독 ほう

宝(たから) 보물

宝庫(ほうこ) 보고 | 宝石(ほうせき) 보석 | 国宝(こくほう) 국보

---

420 ☐☐☐

玉

구슬 **옥**

훈독 たま

음독 ぎょく

玉(たま) 구슬 | 目玉焼き(めだまやき) 달걀 프라이

玉石(ぎょくせき) 옥석

421 ☐☐☐

球 ★

공 구

훈독 たま

음독 きゅう

球(たま) 공, 전구

野球(やきゅう) 야구 | 地球(ちきゅう) 지구 | 電球(でんきゅう) 전구

422 ☐☐☐

台

대 대

음독 だい / たい

台所(だいどころ) 부엌 | 台本(だいほん) 대본 | 土台(どだい) 토대

台風(たいふう) 태풍 | 舞台(ぶたい) 무대

423 ☐☐☐

皿

그릇 명

훈독 さら

皿(さら) 접시 | 一皿(ひとさら) 한 접시 | 灰皿(はいざら) 재떨이

424 ☐☐☐

箸

젓가락 저

훈독 はし

箸(はし) 젓가락 | 箸置き(はしおき) 젓가락 받침

425 ☐☐☐

傘 ★

우산 산

훈독 かさ

음독 さん

傘(かさ) 우산 예 傘(かさ)を差(さ)す 우산을 쓰다

落下傘(らっかさん) 낙하산

426 ☐☐☐

机

책상 궤

훈독 つくえ

机(つくえ) 책상

427 ☐☐☐

様 ★

모양 양

훈독 さま

음독 よう

様(さま) 모습, ~님, ~씨 | 様々(さまざま) 가지각색 | 奥様(おくさま) 사모님

様子(ようす) 상황, 형편 | 模様(もよう) 모양

428 ★

形

☐ ☐ ☐

모양 형

훈독 かたち

음독 ぎょう
けい

形(かたち) 모양

人形(にんぎょう) 인형

形式(けいしき) 형식 | 形態(けいたい) 형태 | 図形(ずけい) 도형

---

429 ★

型

☐ ☐ ☐

모형 형

훈독 かた

음독 けい

型(かた) 형, 틀 | 大型(おおがた) 대형

典型(てんけい) 전형 | 模型(もけい) 모형 | 類型(るいけい) 유형

430

円

☐ ☐ ☐

둥글 원

훈독 まるい

음독 えん

円い(まるい) 둥글다

円周(えんしゅう) 원주 | 円満(えんまん) 원만 | 半円(はんえん) 반원

431

丸

☐ ☐ ☐

둥글 환

훈독 まる
まるい
まるめる

음독 がん

丸(まる) 동그라미

丸い(まるい) 둥글다

丸める(まるめる) 둥글게 하다 예 背(せ)を丸(まる)める 등을 구부리다

弾丸(だんがん) 탄환

432

細

☐ ☐ ☐

가늘 세

훈독 ほそい
ほそめる
こまか
こまかい

음독 さい

細い(ほそい) 가늘다

細める(ほそめる) 가늘게 하다

細か(こまか) 아주 작음, 세세함

細かい(こまかい) 상세하다, 세심하다

細菌(さいきん) 세균 | 細胞(さいぼう) 세포 | 繊細(せんさい) 섬세

---

433 ★

太

☐ ☐ ☐

클 태

훈독 ふとい
ふとる

음독 たい
た

太い(ふとい) 두껍다

太る(ふとる) 살찌다 | 太りすぎ(ふとりすぎ) 너무 살찜

太平洋(たいへいよう) 태평양 | 太陽(たいよう) 태양

丸太(まるた) 통나무

434 **面** 낯 면

훈독 おも / おもて / つら
음독 めん

- 面(おも) 얼굴
- 面(おもて) 얼굴, 표면
- 面(つら) 낯짝
- 面倒(めんどう) 번거로움, 돌봄 | 正面(しょうめん) 정면 | 場面(ばめん) 장면

---

435 **直** ★ 곧을 직

훈독 なおす / なおる / すぐ / ただちに
음독 じき / ちょく

- 直(なお)す 고치다 예 癖(くせ)を直(なお)す 버릇을 고치다
- 直(なお)る 고쳐지다 예 傷口(きずぐち)が直(なお)る 상처가 아물다
- 直(す)ぐ 이내, 바로
- 直(ただ)ちに 즉시, 당장
- 正直(しょうじき) 정직
- 直後(ちょくご) 직후 | 直接(ちょくせつ) 직접 | 率直(そっちょく) 솔직

---

436 **線** 줄 선

음독 せん

- 線路(せんろ) 선로 | 直線(ちょくせん) 직선 | 路線(ろせん) 노선

---

437 **点** 점 점

음독 てん

- 点(てん) 점 | 点検(てんけん) 점검 | 点数(てんすう) 점수

---

438 **似** ★ 닮을 사

훈독 にる
음독 じ

- 似(に)る 닮다 예 母(はは)に似(に)ている 엄마를 닮다
- 類似(るいじ) 유사
- 예외 真似(まね) 흉내

Tip 왕초보 필수 한자어

한자 암기 동영상을
보면서 복습하세요

品物	しなもの	물건, 물품
商品	しょうひん	상품
機械	きかい	기계
鏡	かがみ	거울
眼鏡	めがね	안경
手紙	てがみ	편지
乗車券	じょうしゃけん	승차권
宝	たから	보물
地球	ちきゅう	지구
台所	だいどころ	부엌
台風	たいふう	태풍
模様	もよう	모양
人形	にんぎょう	인형
太る	ふと	살찌다
太陽	たいよう	태양
場面	ばめん	장면
面倒	めんどう	번거로움, 돌봄
路線	ろせん	노선
点数	てんすう	점수
似る	に	닮다

Tip 집 안에 있는 물건

机(つくえ)	책상	テレビ	텔레비전	洗濯機(せんたくき)	세탁기
椅子(いす)	의자	ソファー	소파	掃除機(そうじき)	청소기
たんす	옷장	洗面台(せんめんだい)	세면대	時計(とけい)	시계
本棚(ほんだな)	책장	家具(かぐ)	가구	エアコン	에어컨
テーブル	테이블	冷蔵庫(れいぞうこ)	냉장고	引き出し(ひきだし)	서랍

연습문제

1 한자를 바르게 읽은 것을 고르세요.

1	品物	① たべもの	② のみもの	③ のりもの	④ しなもの
2	手紙	① てかみ	② てがみ	③ ふうと	④ きって
3	太陽	① たいよう	② だいよう	③ たいふう	④ もよう
4	場面	① ばしょ	② しょうめん	③ めんどう	④ ばめん
5	台所	① たいところ	② だいところ	③ たいどころ	④ だいどころ

2 알맞은 한자를 고르세요.

1	しょうひん	① 商品	② 品質	③ 商店	④ 製品
2	めがね	① 目鏡	② 眼鏡	③ 帽子	④ 指輪
3	ちきゅう	① 地球	② 野球	③ 地図	④ 電球
4	にんぎょう	① 人間	② 人気	③ 人形	④ 人型
5	ろせん	① 線路	② 銑路	③ 路線	④ 温泉

3 일본어 한자를 바르게 써 보세요.

1 책상 ____________________　　2 우산 ____________________

3 기계 ____________________　　4 승차권 ____________________

5 점수 ____________________　　6 정직 ____________________

1 1.④ 2.② 3.① 4.④ 5.④　**2** 1.① 2.② 3.① 4.③ 5.③　**3** 1. 机(つくえ) 2. 傘(かさ) 3. 機械(きかい)
4. 乗車券(じょうしゃけん) 5. 点数(てんすう) 6. 正直(しょうじき)

공부 순서 □한자 학습 ➡ □왕초보 필수 한자어 ➡ □연습문제 ➡ □한자 암기 동영상

존재·상태

MP3를 들어보세요

まる
丸 동그라미

さんかく
三角 삼각

しかく
四角 사각

バツ / エックス X표

こめじるし
米印 참고표

ほしじるし
星印 별표

439

存

있을 **존**

음독 そん / ぞん

存在(そんざい) 존재 | 存立(そんりつ) 존립
存(ぞん)じる 알다(知(し)るの 겸양어) | 依存(いぞん) 의존 | 現存(げんぞん) 현존 |
生存(せいぞん) 생존 | 保存(ほぞん) 보존

440

在

있을 **재**

훈독 ある
음독 ざい

在(あ)る 있다
在庫(ざいこ) 재고 | 現在(げんざい) 현재 | 存在(そんざい) 존재

441

状

형상 **상**
문서 **장**

음독 じょう

状況(じょうきょう) 상황 | 状態(じょうたい) 상태 | 現状(げんじょう) 현재 상태 |
招待状(しょうたいじょう) 초대장

442

態

모습 **태**

음독 たい

態勢(たいせい) 태세 | 態度(たいど) 태도 | 状態(じょうたい) 상태

443

安

편안할 **안**

훈독 やすい
음독 あん

安(やす)い 싸다 | 安売(やすう)り 싸게 팖 | 安物(やすもの) 값싼 물건
安心(あんしん) 안심 | 安全(あんぜん) 안전 | 安定(あんてい) 안정

444

危

위태할 **위**

훈독 あぶない
음독 き

危(あぶ)ない 위험하다
危機(きき) 위기 | 危篤(きとく) 위독

445

険

험할 **험**

훈독 けわしい
음독 けん

険(けわ)しい 가파르다, 험하다
危険(きけん) 위험 | 保険(ほけん) 보험 | 冒険(ぼうけん) 모험

446 **団** ★ 둥글 단

음독 だん / とん

団子(だんご) 경단 | 団結(だんけつ) 단결 | 集団(しゅうだん) 집단

布団(ふとん) 이불

---

447 **丈** 어른 장

훈독 たけ
음독 じょう

丈(たけ) 길이, 키, 기장

丈夫(じょうぶ) 건강함, 튼튼함 | 大丈夫(だいじょうぶ) 괜찮음

---

448 **固** 굳을 고

훈독 かたい / かためる / かたまる
음독 こ

固い(かたい) 단단하다, 딱딱하다

固める(かためる) 굳히다 예 決心(けっしん)を固(かた)める 결심을 굳히다

固まる(かたまる) 굳다, 딱딱해지다

固体(こたい) 고체 | 固定(こてい) 고정 | 頑固(がんこ) 완고

---

449 **柔** ★ 부드러울 유

훈독 やわらかい
음독 じゅう

柔らかい(やわらかい) 부드럽다

柔道(じゅうどう) 유도 | 柔軟(じゅうなん) 유연

---

450 **流** ★ 흐를 류

훈독 ながす / ながれる
음독 りゅう

流す(ながす) 흘리다 예 汗(あせ)を流(なが)す 땀을 흘리다

流れる(ながれる) 흐르다, 흘러가다 예 涙(なみだ)が流(なが)れる 눈물이 흐르다

流行(りゅうこう) 유행 | 流通(りゅうつう) 유통 | 交流(こうりゅう) 교류

---

451 **液** 진 액

음독 えき

液(えき) 액 | 液晶(えきしょう) 액정 | 液体(えきたい) 액체 | 血液(けつえき) 혈액

---

452 **氷** 얼음 빙

훈독 こおり
음독 ひょう

氷(こおり) 얼음

氷河(ひょうが) 빙하 | 氷点下(ひょうてんか) 영하

453 □ □ □	**粉** 가루 **분**	훈독 こ / こな 음독 ふん	粉(こ) 가루 | 小麦粉(こむぎこ) 밀가루 粉(こな) 가루 粉末(ふんまつ) 분말 | 花粉(かふん) 꽃가루 | 花粉症(かふんしょう) 꽃가루 알레르기
454 □ □ □	**灰** 재 **회**	훈독 はい 음독 かい	灰(はい) 재 | 灰色(はいいろ) 회색 石灰(せっかい) 석회
455 □ □ □	**変** ★ 변할 **변**	훈독 かえる / かわる 음독 へん	変(か)える 바꾸다 変(か)わる 바뀌다, 변하다 変化(へんか) 변화 | 変更(へんこう) 변경 | 変態(へんたい) 변태
456 □ □ □	**汚** ★ 더러울 **오**	훈독 きたない / よごす / よごれる 음독 お	汚(きたな)い 더럽다 汚(よご)す 더럽히다 예 手(て)を汚(よご)す 손을 더럽히다 汚(よご)れる 더러워지다 예 服(ふく)が汚(よご)れる 옷이 더러워지다 汚染(おせん) 오염 | 汚物(おぶつ) 오물 | 汚名(おめい) 오명
457 □ □ □	**混** 섞을 **혼**	훈독 まぜる / まじる 음독 こん	混(ま)ぜる 섞다 예 スプーンでよく混(ま)ぜる 스푼으로 잘 섞다 混(ま)じる 섞이다 混合(こんごう) 혼합 | 混同(こんどう) 혼동
458 □ □ □	**乱** 어지러울 **란**	훈독 みだす / みだれる 음독 らん	乱(みだ)す 어지럽히다 乱(みだ)れる 흐트러지다 예 髪(かみ)が乱(みだ)れる 머리가 흐트러지다 乱雑(らんざつ) 난잡 | 乱暴(らんぼう) 난폭 | 混乱(こんらん) 혼란
459 □ □ □	**雑** 섞일 **잡**	음독 ざつ / ぞう	雑音(ざつおん) 잡음 | 混雑(こんざつ) 혼잡 | 雑誌(ざっし) 잡지 雑巾(ぞうきん) 걸레

460 **積** ★없음

쌓을 적

훈독 つむ / つもる
음독 せき

積(つ)**む** 쌓다 예 経験(けいけん)を積(つ)む 경험을 쌓다
積(つ)**もる** 쌓이다 예 雪(ゆき)が積(つ)もる 눈이 쌓이다
面積(めんせき) 면적 | **積極的**(せっきょくてき) 적극적

461 **散** ★

흩을 산

훈독 ちる / ちらす / ちらかす / ちらばる
음독 さん

散(ち)**る** (꽃잎이) 지다, 떨어지다 예 花(はな)が散(ち)る 꽃이 지다
散(ち)**らす** 흩뜨리다 예 気(き)を散(ち)らす 마음을 어수선하게 하다
散(ち)**らかす** 어지르다 예 部屋(へや)を散(ち)らかす 방을 어지르다
散(ち)**らばる** 흩어지다, 산재하다
예 部屋(へや)が散(ち)らばっている 방이 어질러져 있다
散歩(さんぽ) 산책 | **解散**(かいさん) 해산 | **発散**(はっさん) 발산

462 **急** ★

급할 급

훈독 いそぐ
음독 きゅう

急(いそ)**ぐ** 서두르다 | **急**(いそ)**ぎ足**(あし) 빠른 걸음
急(きゅう)**に** 급히, 갑자기 | **急行**(きゅうこう) 급행 | **急用**(きゅうよう) 급한 일, 급한 용무

463 **平**

평평할 평

훈독 たいら / ひらたい
음독 へい / びょう

平(たい)**ら** 평평함, 납작함
平(ひら)**たい** 평평하다, 납작하다
平均(へいきん) 평균 | **平日**(へいじつ) 평일 | **平凡**(へいぼん) 평범
平等(びょうどう) 평등

464 **和** ★

화할 화

훈독 やわらぐ / やわらげる
음독 わ

和(やわ)**らぐ** 풀리다, 완화되다
和(やわ)**らげる** 부드럽게 하다, 완화하다
和室(わしつ) 일본식 방 | **和風**(わふう) 일본풍 | **平和**(へいわ) 평화

465 **精**

정할 정

음독 せい

精一杯(せいいっぱい) 있는 힘껏 | **精神**(せいしん) 정신 | **精密**(せいみつ) 정밀

466 □□□

神

귀신 **신**

훈독 かみ
음독 しん, じん

- **神**(かみ) 신
- **神経**(しんけい) 신경 | **神秘**(しんぴ) 신비 | **神話**(しんわ) 신화
- **神社**(じんじゃ) 신사

---

467 □□□

適

맞을 **적**

음독 てき

- **適性**(てきせい) 적성 | **適当**(てきとう) 적당 | **適用**(てきよう) 적용 | **快適**(かいてき) 쾌적

---

468 □□□ ★

当

마땅할 **당**

훈독 あたる, あてる
음독 とう

- **当たる**(あ) 맞다, 적중하다 예 宝(たから)くじが当(あ)たる 복권이 당첨되다
- **当てる**(あ) 대다, 맞히다 예 的(まと)に当(あ)てる 과녁에 맞히다
- **当時**(とうじ) 당시 | **見当**(けんとう) 짐작 | **適当**(てきとう) 적당

---

469 □□□

可

옳을 **가**

음독 か

- **可能**(かのう) 가능 | **許可**(きょか) 허가 | **不可**(ふか) 불가

---

470 □□□ ★

静

고요할 **정**

훈독 しずか, しずめる, しずまる
음독 じょう, せい

- **静か**(しず) 조용함
- **静める**(しず) 가라앉히다 예 心(こころ)を静(しず)める 마음을 가라앉히다
- **静まる**(しず) 조용해지다 예 嵐(あらし)が静(しず)まる 폭풍우가 가라앉다
- **静脈**(じょうみゃく) 정맥
- **静電気**(せいでんき) 정전기 | **平静**(へいせい) 평정

---

471 □□□

余

남을 **여**

훈독 あます, あまる
음독 よ

- **余す**(あま) 남기다 예 弁当(べんとう)を余(あま)す 도시락을 남기다
- **余る**(あま) 남다 예 お金(かね)が余(あま)る 돈이 남다
- **余暇**(よか) 여가 | **余命**(よめい) 여명 | **余裕**(よゆう) 여유

472 ☐ ☐ ☐

昇

오를 승

훈독 のぼる

음독 しょう

昇る(のぼる) (해, 달이) 뜨다, 떠오르다 예 日(ひ)が昇(のぼ)る 해가 떠오르다

昇進(しょうしん) 승진 | 上昇(じょうしょう) 상승

473 ☐ ☐ ☐

落 ★

떨어질 락

훈독 おとす
おちる

음독 らく

落(お)とす 떨어뜨리다 예 財布(さいふ)を落(お)とす 지갑을 잃어버리다

落(お)ちる 떨어지다 예 床(ゆか)に落(お)ちる 바닥에 떨어지다 |

落(お)ち込(こ)む 기운이 없다 | 落(お)ち着(つ)く 진정되다, 침착하다

落書(らくが)き 낙서 | 急落(きゅうらく) 급락 | 落下(らっか) 낙하

Tip

비슷한 의미의 표현 1

一生懸命(いっしょうけんめい)に / 熱心(ねっしん)に	열심히	どうしても / 是非(ぜひ)	반드시, 꼭
いちばん / 最高(さいこう)	최고, 가장	もし / 万一(まんいち)	만일
いろいろ / 様々(さまざま)	여러 가지	全(まった)く / 全然(ぜんぜん)	전혀
おそらく / たぶん	아마, 대개, 어쩌면	直(ただ)ちに / すぐに	즉시, 곧
いきなり / 突然(とつぜん)	갑자기, 별안간	ほぼ / 大体(だいたい)	거의, 대개
まもなく / もうすぐ	이제 곧	この頃(ごろ) / 最近(さいきん)	요즘, 최근
できるだけ / なるべく	가능한 한, 되도록	ずいぶん / かなり	상당히, 꽤

Tip 왕초보 필수 한자어

한자 암기 동영상을
보면서 복습하세요

現在	げんざい	현재
態度	たいど	태도
安い	やす	싸다
安全	あんぜん	안전
危ない	あぶ	위험하다
危険	きけん	위험
大丈夫	だいじょうぶ	괜찮음
固い	かた	단단하다, 딱딱하다
頑固	がんこ	완고
柔らかい	やわ	부드럽다
柔道	じゅうどう	유도
流行	りゅうこう	유행
血液	けつえき	혈액
氷	こおり	얼음
粉	こな	가루
変化	へんか	변화
汚い	きたな	더럽다
汚れる	よご	더러워지다
混ぜる	ま	섞다
混乱	こんらん	혼란
雑誌	ざっし	잡지
散歩	さんぽ	산책
急ぐ	いそ	서두르다
急行	きゅうこう	급행
平日	へいじつ	평일
神社	じんじゃ	신사
適当	てきとう	적당
許可	きょか	허가
静か	しず	조용함
余る	あま	남다
落ちる	お	떨어지다

연습문제

1 한자를 바르게 읽은 것을 고르세요.

1 存在 ① けんさい ② げんさい ③ そんざい ④ ぞんざい

2 態度 ① たいと ② たいど ③ たいとう ④ たいどう

3 頑固 ① かんこ ② かんこう ③ がんこ ④ がんこう

4 柔道 ① ゆうどう ② ゆどう ③ じゅどう ④ じゅうどう

5 血液 ① けつえき ② げつえき ③ はいざら ④ えきたい

2 알맞은 한자를 고르세요.

1 てきとう ① 見当 ② 的当 ③ 適当 ④ 適党

2 きょか ① 許可 ② 可能 ③ 不可 ④ 許化

3 へんか ① 変態 ② 変化 ③ 変更 ④ 落下

4 じんじゃ ① 精神 ② 神社 ③ 会社 ④ 神経

5 ざっし ① 雑音 ② 混雑 ③ 雑巾 ④ 雑誌

3 일본어 한자를 바르게 써 보세요.

1 안전 ______________ 2 위험 ______________

3 유행 ______________ 4 평일 ______________

5 급행 ______________ 6 얼음 ______________

1 1. ③ 2. ② 3. ③ 4. ④ 5. ① **2** 1. ③ 2. ① 3. ② 4. ② 5. ④ **3** 1. 安全(あんぜん) 2. 危険(きけん)
3. 流行(りゅうこう) 4. 平日(へいじつ) 5. 急行(きゅうこう) 6. 氷(こおり)

Day 16

공부 순서 □ 한자 학습 ➡ □ 왕초보 필수 한자어 ➡ □ 연습문제 ➡ □ 한자 암기 동영상

색깔·빛

MP3를 들어보세요

赤(あか) 빨강
赤(あか)い 빨갛다

青(あお) 파랑
青(あお)い 파랗다

黄色(きいろ) 노랑
黄色(きいろ)い 노랗다

黒(くろ) 검정
黒(くろ)い 검다

白(しろ) 흰색
白(しろ)い 희다

茶色(ちゃいろ) 갈색
茶色(ちゃいろ)い 갈색이다

474 ☐☐☐

色 ★

빛 색

- 훈독 いろ
- 음독 しょく, しき

色(いろ) 색깔 | 色々(いろいろ) 여러 가지 | 色鉛筆(いろえんぴつ) 색연필 | 黄色(きいろ) 노란색
特色(とくしょく) 특색 | 無色(むしょく) 무색
景色(けしき) 경치 | 色素(しきそ) 색소

475 ☐☐☐

白

흰 백

- 훈독 しろ, しろい, しら
- 음독 はく

白(しろ) 백, 흰색
白い(しろい) 희다 | 面白い(おもしろい) 재미있다
白髪(しらが) 백발
白菜(はくさい) 배추 | 白鳥(はくちょう) 백조 | 空白(くうはく) 공백

476 ☐☐☐

黒

검을 흑

- 훈독 くろ, くろい
- 음독 こく

黒(くろ) 검정
黒い(くろい) 검다 | 黒字(くろじ) 흑자 | 白黒(しろくろ) 흑백
黒板(こくばん) 칠판 | 暗黒(あんこく) 암흑

477 ☐☐☐

赤

붉을 적

- 훈독 あか, あかい, あからむ
- 음독 せき

赤(あか) 빨강 | 赤信号(あかしんごう) 적신호
赤い(あかい) 빨갛다
赤らむ(あからむ) 붉어지다
赤十字(せきじゅうじ) 적십자 | 赤道(せきどう) 적도 | 赤飯(せきはん) 팥밥

478 ☐☐☐

青 ★

푸를 청

- 훈독 あお, あおい
- 음독 せい, しょう

青(あお) 파랑 | 青信号(あおしんごう) 청신호 | 青空(あおぞら) 파란 하늘
青い(あおい) 파랗다
青春(せいしゅん) 청춘 | 青年(せいねん) 청년
群青(ぐんじょう) 군청

479 ☐☐☐

黄

누를 황

- 훈독 き
- 음독 おう, こう

黄(き) 노랑 | 黄色い(きいろい) 노랗다
黄金(おうごん) 황금
黄砂(こうさ) 황사

480 ☐☐☐

緑 ★

푸를 록

- 훈독 みどり
- 음독 りょく

緑(みどり) 녹색
緑茶(りょくちゃ) 녹차 | 新緑(しんりょく) 신록

481 紅 ★
붉을 홍

훈독 べに — 紅(べに) 연지
くれない — 紅(くれない) 주황
음독 こう — 紅茶(こうちゃ) 홍차 | 紅葉(こうよう) 단풍

482 光 ★
빛 광

훈독 ひかる — 光る(ひか) 빛나다 | 光(ひかり) 빛
음독 こう — 光景(こうけい) 광경 | 観光(かんこう) 관광

483 銀
은 은

음독 ぎん — 銀色(ぎんいろ) 은색 | 金銀(きんぎん) 금은 | 銀世界(ぎんせかい) 은세계

484 電 ★
번개 전

음독 でん — 電気(でんき) 전기 | 電車(でんしゃ) 전철 | 電灯(でんとう) 전등 | 電報(でんぽう) 전보 | 電話(でんわ) 전화

485 明 ★
밝을 명

훈독 あかり — 明かり(あ) 밝은 빛
あかるい — 明るい(あか) 밝다
あきらか — 明らか(あき) 명확함, 분명함
あけ — 夜明け(よあ) 새벽
あける — 明ける(あ) 날이 새다 예 年(とし)が明(あ)ける 새해가 되다
あかす — 明かす(あ) 밝히다 예 秘密(ひみつ)を明(あ)かす 비밀을 밝히다
음독 めい — 明確(めいかく) 명확함 | 明細(めいさい) 명세, 자세함 | 明白(めいはく) 명백 | 照明(しょうめい) 조명 | 発明(はつめい) 발명
みょう — 明朝(みょうちょう) 명조, 내일 아침 | 光明(こうみょう) 광명
예외 明後日(あさって) 모레 | 明日(あした) 내일

486 ★ **暗** 어두울 암

훈독 くらい
음독 あん

暗(くら)い 어둡다 | 暗闇(くらやみ) 어둠
暗算(あんざん) 암산 | 暗室(あんしつ) 암실 | 明暗(めいあん) 명암

487 **陽** 볕 양

음독 よう

陽気(ようき) 명랑함, 날씨 | 陰陽(いんよう) 음양 | 太陽(たいよう) 태양

488 ★ **影** 그림자 영

훈독 かげ
음독 えい

影(かげ) 그림자
影響(えいきょう) 영향 | 撮影(さつえい) 촬영 | 投影(とうえい) 투영

489 **差** 다를 차

훈독 さす
음독 さ

差(さ)す 비치다 예 影(かげ)が差(さ)す 그림자가 비치다
差別(さべつ) 차별 | 交差点(こうさてん) 교차로, 사거리 | 時差(じさ) 시차

490 **張** 베풀 장

훈독 はる
음독 ちょう

張(は)る 뻗다, 펴다 예 胸(むね)を張(は)る 가슴을 펴다
緊張(きんちょう) 긴장 | 誇張(こちょう) 과장 | 主張(しゅちょう) 주장

491 **由** 말미암을 유

훈독 よし
음독 ゆ
ゆう

由(よし) 까닭, 방법
由来(ゆらい) 유래
自由(じゆう) 자유 | 理由(りゆう) 이유

492 ★ **列** 벌일 렬

음독 れつ

行列(ぎょうれつ) 행렬 | 列挙(れっきょ) 열거 | 列車(れっしゃ) 열차

493 **的** 과녁 **적**

훈독 まと
음독 てき

的(まと) 과녁, 목표
的中(てきちゅう) 적중 | **標的**(ひょうてき) 표적 | **目的**(もくてき) 목적

---

494 **基** 터 **기**

훈독 もと
음독 き

基(もと) 기반, 근본
基礎(きそ) 기초 | **基盤**(きばん) 기반 | **基本**(きほん) 기본

---

495 **代** ★ 대신할 **대**

훈독 かわる
かえる
음독 だい
たい

代わる(か) 대신하다, 바뀌다 | **代わりに**(か) 대신에
代える(か) 바꾸다
代表(だいひょう) 대표 | **時代**(じだい) 시대 | **電話代**(でんわだい) 전화 요금
交代(こうたい) 교대

---

496 **免** 면할 **면**

훈독 まぬかれる
음독 めん

免れる(まぬか) 면하다, 피하다
免疫(めんえき) 면역 | **免許**(めんきょ) 면허 | **免除**(めんじょ) 면제

---

497 **因** 인할 **인**

훈독 よる
음독 いん

因る(よ) 의하다, 기인하다
起因(きいん) 기인 | **原因**(げんいん) 원인 | **要因**(よういん) 요인

---

498 **匹** 짝 **필**

훈독 ひき

~匹(ひき) ~마리
예 一匹(いっぴき), 二匹(にひき), 三匹(さんびき), 四匹(よんひき), 五匹(ごひき), 六匹(ろっぴき), 七匹(ななひき), 八匹(はっぴき), 九匹(きゅうひき), 十匹(じゅっぴき)

음독 ひつ

馬匹(ばひつ) 마필, 말 | **匹敵**(ひってき) 필적

---

499 **令** 하여금 **령**

음독 れい

法令(ほうれい) 법령 | **命令**(めいれい) 명령

500 提 (끌 제)
훈독 さげる
음독 てい

提(さ)げる (손에) 들다
提案(ていあん) 제안 | 提供(ていきょう) 제공 | 提出(ていしゅつ) 제출

501 案 ★ (책상 안)
음독 あん

案外(あんがい) 의외 | 案内(あんない) 안내 | 答案(とうあん) 답안

502 束 (묶을 속)
훈독 たば
음독 そく

束(たば) 다발, 묶음 | 花束(はなたば) 꽃다발
束縛(そくばく) 속박 | 拘束(こうそく) 구속 | 約束(やくそく) 약속

503 元 (으뜸 원)
훈독 もと
음독 げん
がん

元々(もともと) 원래, 본디
元気(げんき) 기운, 건강함 | 元素(げんそ) 원소
元日(がんじつ) 설날, 1월 1일

Tip

왕초보 필수 형용사

青(あお)い	파랗다	重(おも)い	무겁다	太(ふと)い	굵다
赤(あか)い	빨갛다	軽(かる)い	가볍다	古(ふる)い	오래되다, 낡다
明(あか)るい	밝다	暗(くら)い	어둡다	短(みじか)い	짧다
新(あたら)しい	새롭다	黒(くろ)い	검다	安(やす)い	싸다
暑(あつ)い	덥다	細(こま)かい	자세하다, 자잘하다	弱(よわ)い	약하다
甘(あま)い	달다	正(ただ)しい	바르다, 옳다	若(わか)い	젊다
忙(いそが)しい	바쁘다	楽(たの)しい	즐겁다	悪(わる)い	나쁘다
痛(いた)い	아프다	強(つよ)い	강하다		
美(うつく)しい	아름답다	広(ひろ)い	넓다		

Tip 왕초보 필수 한자어

한자 암기 동영상을
보면서 복습하세요

色々	いろいろ	여러 가지
特色	とくしょく	특색
景色	けしき	경치
白い	しろ	희다
面白い	おもしろ	재미있다
黒い	くろ	검다
赤い	あか	빨갛다
青い	あお	파랗다
青年	せいねん	청년
青春	せいしゅん	청춘
黄色い	きいろ	노랗다
緑	みどり	녹색
光景	こうけい	광경
電車	でんしゃ	전철
明るい	あか	밝다
明らか	あき	명확함, 분명함
発明	はつめい	발명
暗い	くら	어둡다
影響	えいきょう	영향
交差点	こうさてん	교차로, 사거리
緊張	きんちょう	긴장
理由	りゆう	이유
列車	れっしゃ	열차
目的	もくてき	목적
基本	きほん	기본
代表	だいひょう	대표
原因	げんいん	원인
提案	ていあん	제안
案外	あんがい	의외
元気	げんき	기운, 건강함

연습문제

1 한자를 바르게 읽은 것을 고르세요.

1	特色	① とくいろ	② けしき	③ とくしょく	④ どくしょく
2	影響	① えいきょ	② えいきょう	③ さつえい	④ とうえい
3	緊張	① きんちょ	② きんちょう	③ しゅちょう	④ ぎんちょ
4	原因	① よういん	② げんざい	③ ようそ	④ げんいん
5	提案	① ていきょう	② あんない	③ ていあん	④ ていしゅつ

2 알맞은 한자를 고르세요.

1	くらい	① 赤い	② 白い	③ 黒い	④ 暗い
2	でんしゃ	① 電車	② 転車	③ 列車	④ 電灯
3	きほん	① 基礎	② 基本	③ 基盤	④ 基元
4	げんき	① 元素	② 元日	③ 丈夫	④ 元気
5	だいひょう	① 体表	② 台票	③ 代表	④ 目標

3 일본어 한자를 바르게 써 보세요.

1 이유 ____________________　2 전기 ____________________

3 청년 ____________________　4 사거리 ____________________

5 발명 ____________________　6 목적 ____________________

1 1.③ 2.② 3.② 4.④ 5.③　2 1.④ 2.① 3.② 4.④ 5.③　3 1. 理由(りゆう) 2. 電気(でんき) 3. 青年(せいねん) 4. 交差点(こうさてん) 5. 発明(はつめい) 6. 目的(もくてき)

공부 순서 □ 한자 학습 ➡ □ 왕초보 필수 한자어 ➡ □ 연습문제 ➡ □ 한자 암기 동영상

MP3를 들어보세요

인간관계·신분·계급

わか
別れる 헤어지다

いっしょ
一緒に 함께

たす
助ける 돕다

いわ
祝う 축하하다

しょうたい
招待 초대

こうさい
交際 교제

504 **関** 관계할 관

- 훈독: かかわる
- 음독: かん

関わる(かか) 관계하다, 관계가 있다

예 **事件に関わる**(じけん, かか) 사건에 관계가 있다

関心(かんしん) 관심 | **関連**(かんれん) 관련 | **玄関**(げんかん) 현관

▶かかわる의 한자는 関わる와 係わる 둘 다 쓸 수 있으며, 뜻은 같습니다.

---

505 **係** 맬 계

- 훈독: かかり, かかわる
- 음독: けい

係(かかり) 담당, 계, 계원 | **係員**(かかりいん) 담당자 |

～係(がかり) ～계, ～담당　예 **受付係**(うけつけがかり) 접수계, 접수 담당

係わる(かか) 관계되다, 관계가 있다

関係(かんけい) 관계

---

506 **別** ★ 나눌 별

- 훈독: わかれる
- 음독: べつ

別れる(わか) 헤어지다 | **別れ話**(わか, ばなし) 이별 이야기

別々(べつべつ) 따로따로 | **区別**(くべつ) 구별 | **差別**(さべつ) 차별

---

507 **離** ★ 떠날 리

- 훈독: はなれる
- 음독: り

離れる(はな) 떠나다, 떨어지다　예 **席を離れる**(せき, はな) 자리를 뜨다

離婚(りこん) 이혼 | **距離**(きょり) 거리 | **分離**(ぶんり) 분리

---

508 **仲** 버금 중

- 훈독: なか
- 음독: ちゅう

仲(なか) 사이　예 **仲がいい**(なか) 사이가 좋다

仲介(ちゅうかい) 중개

---

509 **交** ★ 사귈 교

- 훈독: まぜる, かわす
- 음독: こう

交ぜる(ま) 섞다

交わす(か) 주고받다, 교환하다　예 **話を交わす**(はなし, か) 이야기를 주고받다

交換(こうかん) 교환 | **交差点**(こうさてん) 교차로, 사거리 | **交通**(こうつう) 교통

---

510 **際** 사이 제

- 훈독: きわ
- 음독: さい

際(きわ) 가장자리, 근처 | **窓際**(まどぎわ) 창가

交際(こうさい) 교제 | **国際**(こくさい) 국제 | **実際**(じっさい) 실제

511 ☐ ☐ ☐
共
함께 공

훈독 とも
음독 きょう

共に(とも) 함께, 같이 | 共稼ぎ(ともかせ) 맞벌이 | 共働き(ともばたら) 맞벌이
共感(きょうかん) 공감 | 共通(きょうつう) 공통 | 共同(きょうどう) 공동

512 ☐ ☐ ☐
緒
실마리 서

음독 しょ
ちょ

一緒に(いっしょ) 함께 | 由緒(ゆいしょ) 유서
情緒(じょうちょ) 정서

513 ☐ ☐ ☐
協
도울 협

음독 きょう

協議(きょうぎ) 협의 | 協同(きょうどう) 협동 | 協力(きょうりょく) 협력

514 ☐ ☐ ☐
助 ★
도울 조

훈독 たすける
たすかる
음독 じょ

助ける(たす) 돕다
助かる(たす) 도움이 되다, (위험을) 면하다
助言(じょげん) 조언 | 援助(えんじょ) 원조 | 補助(ほじょ) 보조

515 ☐ ☐ ☐
相 ★
서로 상

훈독 あい
음독 そう
しょう

相(あい) 한패, 동아리, 서로, 함께 | 相づち(あい) 맞장구 | 相手(あいて) 상대
相談(そうだん) 상담 | 相当(そうとう) 상당
首相(しゅしょう) 수상(내각의 수장)
예외 相撲(すもう) 스모(일본 씨름)

516 ☐ ☐ ☐
互
서로 호

훈독 たがい
음독 ご

互い(たが) 서로, 상호간 | お互いに(たが) 서로 |
お互いさま(たが) 피차 마찬가지임, 서로 같은 처지임
交互(こうご) 교대로, 번갈아 | 相互(そうご) 상호

517 ☐ ☐ ☐
支
지탱할 지

훈독 ささえる
음독 し

支える(ささ) 떠받치다, 지탱하다
支持(しじ) 지지 | 支出(ししゅつ) 지출 | 支払う(しはら) 지불하다

518 **信** ★
믿을 신

음독 しん

信号(しんごう) 신호 | 信じる(しん) 믿다 | 青信号(あおしんごう) 파란불 | 赤信号(あかしんごう) 빨간불 | 自信(じしん) 자신

519 **頼** ★
의뢰할 뢰

훈독 たのむ / たのもしい / たよる
음독 らい

頼む(たの) 부탁하다 예 通訳(つうやく)を頼む(たの) 통역을 부탁하다
頼もしい(たの) 믿음직하다
頼る(たよ) 의지하다 예 人(ひと)に頼る(たよ) 남에게 의지하다
依頼(いらい) 의뢰 | 信頼(しんらい) 신뢰

520 **尊**
높을 존

훈독 とうとい
음독 そん

尊い(とうと) 존귀하다, 존엄하다
尊敬(そんけい) 존경 | 尊重(そんちょう) 존중

521 **敬**
공경할 경

훈독 うやまう
음독 けい

敬う(うやま) 존경하다, 공경하다 예 老人(ろうじん)を敬う(うやま) 노인을 공경하다
敬語(けいご) 경어 | 尊敬(そんけい) 존경

522 **恩**
은혜 은

음독 おん

恩返し(おんがえ) 보은, 은혜를 갚음 | 恩人(おんじん) 은인

523 **礼** ★
예절 례

음독 れい

礼儀(れいぎ) 예의 | 礼儀正しい(れいぎただ) 예의 바르다 | 無礼(ぶれい) 무례

524 **祝**
빌 축

훈독 いわう
음독 しゅく

祝う(いわ) 축하하다 | お祝い(いわ) 축하, 축하 선물
祝辞(しゅくじ) 축사 | 祝日(しゅくじつ) 축일 | 祝福(しゅくふく) 축복

525 **贈** 줄 증
□ □ □
훈독 おくる
음독 ぞう

贈る(おく) 주다, 선사하다
贈呈(ぞうてい) 증정 | 寄贈(きぞう) 기증

---

526 **迎** ★ 맞을 영
□ □ □
훈독 むかえる
음독 げい

迎える(むか) 맞이하다, 마중하다 예 客を迎える(きゃく むか) 손님을 맞다
歓迎(かんげい) 환영

---

527 **紹** 이을 소
□ □ □
음독 しょう

紹介(しょうかい) 소개 | 自己紹介(じこしょうかい) 자기소개

---

528 **介** 낄 개
□ □ □
음독 かい

介護(かいご) 간호, 병구완 | 介入(かいにゅう) 개입 | 紹介(しょうかい) 소개

---

529 **招** 부를 초
□ □ □
훈독 まねく
음독 しょう

招く(まね) 초대하다, 부르다 예 家に招く(いえ まね) 집에 초대하다
招待(しょうたい) 초대 | 招来(しょうらい) 초래

---

530 **待** ★ 기다릴 대
□ □ □
훈독 まつ
음독 たい

待つ(ま) 기다리다 | 待合室(まちあいしつ) 대합실 |
待ち合わせる(ま あ) 만나기로 하다
待機(たいき) 대기 | 期待(きたい) 기대 | 接待(せったい) 접대

---

531 **競** ★ 다툴 경
□ □ □
훈독 きそう
음독 きょう, けい

競う(きそ) 겨루다, 다투다 예 優位を競う(ゆうい きそ) 우위를 겨루다
競技(きょうぎ) 경기 | 競争(きょうそう) 경쟁
競馬(けいば) 경마

532 **争** ★

다툴 쟁

훈독 あらそう

음독 そう

争(あらそ)う 다투다, 경쟁하다 예 先(さき)を争(あらそ)う 선두를 다투다

競争(きょうそう) 경쟁 | **戦争(せんそう)** 전쟁 | **争点(そうてん)** 쟁점

---

533 **連**

이을 련

훈독 つれる

連(つ)れる 데려가다, 데려오다 | **連(つ)れていく** 데려가다 |

～に連(つ)れて ～함에 따라

음독 れん

連休(れんきゅう) 연휴 | **連絡(れんらく)** 연락 | **国連(こくれん)** 국제연합(国際連合(こくさいれんごう)의 준말)

---

534 **身** ★

몸 신

훈독 み

身(み) 몸 | **身内(みうち)** 친척, 집안 | **身分(みぶん)** 신분 | **刺身(さしみ)** 회

음독 しん

身体(しんたい) 신체 | **身長(しんちょう)** 신장 | **自身(じしん)** 자신

---

535 **分** ★

나눌 분

훈독 わける

分(わ)ける 나누다 예 半分(はんぶん)に分(わ)ける 반으로 나누다

훈독 わかれる

分(わ)かれる 나눠지다, 나뉘다

예 二(ふた)つのチームに分(わ)かれる 두 개의 팀으로 나뉘다

훈독 わかる

分(わ)かる 알다, 이해하다 예 分(わ)かりました 알겠습니다

음독 ぶん

気分(きぶん) 기분 | **自分(じぶん)** 자기, 자신 | **多分(たぶん)** 아마

음독 ぶ

分厚(ぶあつ)い 두툼하다

---

536 **階** ★

섬돌 계

음독 かい

～階(かい) ～층 | **階級(かいきゅう)** 계급 | **階層(かいそう)** 계층 | **階段(かいだん)** 계단

예 一階(いっかい), 二階(にかい), 三階(さんがい), 四階(よんかい), 五階(ごかい), 六階(ろっかい), 七階(ななかい), 八階(はっかい), 九階(きゅうかい), 十階(じゅっかい)

---

537 **級**

등급 급

음독 きゅう

階級(かいきゅう) 계급 | **上級(じょうきゅう)** 상급 | **等級(とうきゅう)** 등급

538 王 음독 おう

임금 왕

王(おう) 왕 | 王位(おうい) 왕위 | 王子(おうじ) 왕자

539 民 훈독 たみ 음독 みん

백성 민

民(たみ) 백성

民族(みんぞく) 민족 | 民謡(みんよう) 민요 | 移民(いみん) 이민

540 貴 훈독 とうとい 음독 き

귀할 귀

貴(とうと)い 귀하다, 소중하다 예 貴(とうと)い生命(せいめい) 소중한 생명

貴社(きしゃ) 귀사 | 貴族(きぞく) 귀족 | 貴重(きちょう) 귀중

▶とうとい의 한자는 貴い와 尊い 둘 다 쓸 수 있으며, 뜻은 같습니다.

541 官 ★ 음독 かん

벼슬 관

官職(かんしょく) 관직 | 外交官(がいこうかん) 외교관 | 警察官(けいさつかん) 경찰관

542 士 음독 し

선비 사

戦士(せんし) 전사 | 修士(しゅうし) 석사 | 武士(ぶし) 무사

Tip 왕초보 필수 한자어

한자 암기 동영상을
보면서 복습하세요

関心(かんしん)	관심
玄関(げんかん)	현관
区別(くべつ)	구별
交通(こうつう)	교통
国際(こくさい)	국제
協力(きょうりょく)	협력
助ける(たすける)	돕다
相手(あいて)	상대
相談(そうだん)	상담
支払う(しはらう)	지불하다
信号(しんごう)	신호
頼む(たのむ)	부탁하다
祝う(いわう)	축하하다
祝日(しゅくじつ)	축일
贈る(おくる)	주다, 선사하다
迎える(むかえる)	맞이하다, 마중하다
紹介(しょうかい)	소개
招く(まねく)	초대하다, 부르다
招待(しょうたい)	초대
待つ(まつ)	기다리다
期待(きたい)	기대
競争(きょうそう)	경쟁
戦争(せんそう)	전쟁
連れる(つれる)	데려가다, 데려오다
連休(れんきゅう)	연휴
身長(しんちょう)	신장
分かる(わかる)	알다, 이해하다
自分(じぶん)	자신
階段(かいだん)	계단
警察官(けいさつかん)	경찰관

연습문제

1 한자를 바르게 읽은 것을 고르세요.

1 玄関	① けんかん	② げんかん	③ けんがん	④ げんがん
2 協力	① こうりょく	② きょうりょく	③ こうりき	④ きょうりき
3 祝日	① きゅうじつ	② れんきゅ	③ しゅくじつ	④ きゅうか
4 階段	① かいたん	② かいだん	③ がいたん	④ がいだん
5 競争	① せんそう	② せんそ	③ きょうそう	④ きょうそ

2 알맞은 한자를 고르세요.

1 あいて	① 相談	② 相互	③ 相撲	④ 相手
2 こくさい	① 国祭	② 国際	③ 交祭	④ 交際
3 しょうかい	① 紹介	② 招介	③ 紹待	④ 歓迎
4 しょうたい	① 招待	② 召待	③ 紹介	④ 招介
5 きたい	① 機械	② 機会	③ 期待	④ 期侍

3 일본어 한자를 바르게 써 보세요.

1 관심 ______________________ 2 구별 ______________________

3 자기, 자신 ______________________ 4 신장 ______________________

5 공통 ______________________ 6 왕자 ______________________

1 1. ② 2. ② 3. ③ 4. ② 5. ③ **2** 1. ④ 2. ② 3. ① 4. ① 5. ③ **3** 1. 関心(かんしん) 2. 区別(くべつ) 3. 自分(じぶん) 4. 身長(しんちょう) 5. 共通(きょうつう) 6. 王子(おうじ)

공부 순서 □ 한자 학습 ➡ □ 왕초보 필수 한자어 ➡ □ 연습문제 ➡ □ 한자 암기 동영상

행동·자세

MP3를 들어보세요

座(すわ)る 앉다

入(はい)る 들어가다

転(ころ)ぶ 넘어지다

与(あた)える 주다

切(き)る 자르다

泳(およ)ぐ 헤엄치다

543 ★ 行 □□□
갈 행

훈독 いく / ゆく / おこなう

行く(い) 가다(=行く(ゆ))
行方(ゆくえ) 행방 | ～行き(ゆ) ～행 예 大阪行き(おおさかゆ) 오사카행
行う(おこな) 행하다 | 行われる(おこな) 거행되다, 실시되다
예 入学式が行われる(にゅうがくしき おこな) 입학식이 열리다

음독 こう / ぎょう

行動(こうどう) 행동 | 銀行(ぎんこう) 은행 | 実行(じっこう) 실행 | 飛行機(ひこうき) 비행기
行事(ぎょうじ) 행사 | 行列(ぎょうれつ) 행렬

---

544 ★ 動 □□□
움직일 동

훈독 うごく / うごかす
음독 どう

動く(うご) 움직이다 예 電車が動く(でんしゃ うご) 전철이 움직이다
動かす(うご) 옮기다 예 テーブルを動かす(うご) 테이블을 옮기다
動物(どうぶつ) 동물 | 感動(かんどう) 감동 | 自動(じどう) 자동

---

545 ★ 入 □□□
들 입

훈독 いる / はいる / いれる
음독 にゅう

入る(い) 들어가다(예스러운 말) | 入り口(い ぐち) 입구
入る(はい) 들어가다 예 大学に入る(だいがく はい) 대학에 들어가다
入れる(い) 넣다 | 入れ物(い もの) 용기, 그릇 | 押し入れ(お い) 벽장
入院(にゅういん) 입원 | 入学(にゅうがく) 입학 | 記入(きにゅう) 기입

---

546 ★ 飛 □□□
날 비

훈독 とぶ
음독 ひ

飛ぶ(と) 날다 예 鳥が飛んでいる(とり と) 새가 날고 있다
飛行機(ひこうき) 비행기 | 飛行士(ひこうし) 비행사

---

547 ★ 転 □□□
구를 전

훈독 ころぶ / ころがす / ころがる / ころげる
음독 てん

転ぶ(ころ) 넘어지다 예 すべって転ぶ(ころ) 미끄러져 넘어지다
転がす(ころ) 굴리다, 쓰러뜨리다 예 ボールを転がす(ころ) 공을 굴리다
転がる(ころ) 구르다, 쓰러지다 예 ごろごろ転がる(ころ) 데굴데굴 구르다
転げる(ころ) 구르다 예 ボールが転げる(ころ) 공이 구르다
転校(てんこう) 전학 | 運転(うんてん) 운전 | 自転車(じてんしゃ) 자전거

548 倒 넘어질 도

훈독 たおす / たおれる
음독 とう

倒す(たおす) 쓰러뜨리다 예 木(き)を倒(たお)す 나무를 쓰러뜨리다
倒れる(たおれる) 쓰러지다 예 つまづいて倒(たお)れる 발이 걸려 넘어지다
倒産(とうさん) 도산 | 圧倒(あっとう) 압도 | 面倒(めんどう) 번거로움, 돌봄

549 泳 ★ 헤엄칠 영

훈독 およぐ
음독 えい

泳ぐ(およぐ) 헤엄치다 예 プールで泳(およ)ぐ 수영장에서 수영하다
水泳(すいえい) 수영 | 背泳(はいえい) 배영

550 取 ★ 취할 취

훈독 とる
음독 しゅ

取る(とる) 잡다, 쥐다 예 手(て)を取(と)る 손을 잡다
取材(しゅざい) 취재 | 取得(しゅとく) 취득 | 採取(さいしゅ) 채집

551 圧 누를 압

음독 あつ

圧力(あつりょく) 압력 | 血圧(けつあつ) 혈압 | 圧迫(あっぱく) 압박

552 押 누를 압

훈독 おす / おさえる
음독 おう

押す(おす) 누르다, 밀다 예 ボタンを押(お)す 버튼을 누르다
押さえる(おさえる) 억누르다, 막다, 틀어막다
예 インフレの拡大(かくだい)を押(お)さえる 인플레이션의 확대를 막다
押収(おうしゅう) 압수

553 引 당길 인

훈독 ひく
음독 いん

引く(ひく) 끌다, 당기다 | 引き算(ひきざん) 뺄셈 | 引き出し(ひきだし) 서랍 | つな引き(つなひき) 줄다리기
引率(いんそつ) 인솔 | 引力(いんりょく) 인력 | 引用(いんよう) 인용

554 回 돌 회

훈독 まわる / まわす
음독 かい

回る(まわる) 돌다 | 回り道(まわりみち) 길을 돌아감, 우회로
回す(まわす) 돌리다 | こま回し(こままわし) 팽이 돌리기
回転(かいてん) 회전 | 回想(かいそう) 회상 | 今回(こんかい) 이번

555 ☐ ☐ ☐

絶

끊을 절

훈독 たつ
음독 ぜつ

絶つ(た) 끊다 예 縁を絶つ(えん・た) 인연을 끊다
絶望(ぜつぼう) 절망 | 絶好(ぜっこう) 절호 | 絶対(ぜったい) 절대

▶たつ 동음이의어 立つ 서다, 일어서다 | 建つ (건물이) 세워지다 | 断つ 끊다, 자르다 | 経つ (시간이) 경과하다 | 発つ 떠나다, 출발하다

---

556 ☐ ☐ ☐ ★

切

벨 절
모두 체

훈독 きる
きれる
きっ
음독 せつ
さい

切る(き) 끊다, 자르다 예 つめを切る(き) 손톱을 자르다
切れる(き) 끊어지다 | 品切れ(しなぎ) 품절
切手(きって) 우표 | 切符(きっぷ) 표
親切(しんせつ) 친절 | 大切(たいせつ) 소중함
一切(いっさい) 일체, 모두, 전혀

---

557 ☐ ☐ ☐

折

꺾을 절

훈독 おる
おれる
음독 せつ

折る(お) 접다 예 半分に折る(はんぶん・お) 반으로 접다
折れる(お) 꺾이다, 구부러지다 예 足が折れる(あし・お) 다리가 부러지다
右折(うせつ) 우회전 | 左折(させつ) 좌회전 | 挫折(ざせつ) 좌절

---

558 ☐ ☐ ☐

握

쥘 악

훈독 にぎる
음독 あく

握る(にぎ) 쥐다 예 手を握る(て・にぎ) 손을 잡다, 악수하다
握手(あくしゅ) 악수 | 把握(はあく) 파악

---

559 ☐ ☐ ☐

刺

찌를 자

훈독 さす
さする
음독 し

刺す(さ) 찌르다, 쏘다 예 蚊が刺す(か・さ) 모기가 물다
刺さる(さ) 찔리다, 박히다 예 とげが刺さる(さ) 가시가 박히다
刺激(しげき) 자극 | 刺繍(ししゅう) 자수 | 名刺(めいし) 명함

---

560 ☐ ☐ ☐

突

갑자기 돌

훈독 つく
음독 とつ

突く(つ) 찌르다 예 弱点を突く(じゃくてん・つ) 약점을 찌르다
突然(とつぜん) 돌연, 갑자기 | 煙突(えんとつ) 굴뚝 | 衝突(しょうとつ) 충돌

561 **打** 칠 타

훈독 うつ
음독 だ

打(う)つ 치다, 때리다 예 ホームランを打(う)つ 홈런을 치다
打開(だかい) 타개 | **打倒(だとう)** 타도 | **乱打(らんだ)** 난타

---

562 **与** 줄 여

훈독 あたえる
음독 よ

与(あた)える 주다, 수여하다 예 賞(しょう)を与(あた)える 상을 수여하다
関与(かんよ) 관여 | **給与(きゅうよ)** 급여

---

563 **受** ★ 받을 수

훈독 うける
うかる
음독 じゅ

受(う)ける 받다 예 授業(じゅぎょう)を受(う)ける 수업을 받다
受(う)かる 합격하다, 붙다 예 大学(だいがく)に受(う)かる 대학에 붙다
受賞(じゅしょう) 수상 | **授受(じゅじゅ)** 수수, 주고받음

---

564 **返** 돌이킬 반

훈독 かえす
かえる
음독 へん

返(かえ)す 돌려주다 예 本(ほん)を返(かえ)す 책을 돌려주다
返(かえ)る 되돌아오다
예 忘(わす)れ物(もの)が返(かえ)る 잃어버린 물건이 되돌아오다
返事(へんじ) 답장 | **返品(へんぴん)** 반품

---

565 **掛** 걸 괘

훈독 かける
かかる

掛(か)ける 걸다 예 服(ふく)を掛(か)ける 옷을 걸다
掛(か)かる 걸리다 예 時間(じかん)が掛(か)かる 시간이 걸리다

---

566 **飾** 꾸밀 식

훈독 かざる
음독 しょく

飾(かざ)る 장식하다, 꾸미다 예 花(はな)で飾(かざ)る 꽃으로 장식하다
修飾(しゅうしょく) 수식 | **装飾(そうしょく)** 장식

---

567 **防** 막을 방

훈독 ふせぐ
음독 ぼう

防(ふせ)ぐ 막다 예 攻撃(こうげき)を防(ふせ)ぐ 공격을 막다
防止(ぼうし) 방지 | **防犯(ぼうはん)** 방범 | **予防(よぼう)** 예방

568 ☐ ☐ ☐

隠 ★

숨길 **은**

훈독 かくす / かくれる
음독 いん

隠す(かく) 숨기다 ⓔ 身(み)を隠(かく)す 몸을 숨기다
隠れる(かく) 숨다 | **隠れん坊**(かくぼう) 숨바꼭질
隠居(いんきょ) 은거 | **隠蔽**(いんぺい) 은폐

---

569 ☐ ☐ ☐

包

쌀 **포**

훈독 つつむ
음독 ほう

包む(つつ) 싸다, 에워싸다 ⓔ 包装紙(ほうそうし)で包(つつ)む 포장지로 싸다
包囲(ほうい) 포위 | **包装**(ほうそう) 포장 | **包帯**(ほうたい) 붕대

---

570 ☐ ☐ ☐

放

놓을 **방**

훈독 はなす
음독 ほう

放す(はな) 놓다, 풀어 주다 ⓔ 犬(いぬ)を放(はな)す 개를 풀어 주다
放課後(ほうかご) 방과후 | **放射能**(ほうしゃのう) 방사능 | **開放**(かいほう) 개방

---

571 ☐ ☐ ☐

追

쫓을 **추**

훈독 おう
음독 つい

追う(お) 쫓다 ⓔ 犯人(はんにん)を追(お)う 범인을 쫓다
追加(ついか) 추가 | **追求**(ついきゅう) 추구 | **追突**(ついとつ) 추돌

---

572 ☐ ☐ ☐

姿

모양 **자**

훈독 すがた
음독 し

姿(すがた) 자세, 모습 | **後ろ姿**(うしろすがた) 뒷모습
姿勢(しせい) 자세

---

573 ☐ ☐ ☐

立 ★

설 **립**

훈독 たつ / たてる
음독 りつ

立つ(た) 서다 | **立ち入り**(たちい) 출입, 들어감 | **立場**(たちば) 입장
立てる(た) 세우다
国立(こくりつ) 국립 | **独立**(どくりつ) 독립 | **立派**(りっぱ) 훌륭함

---

574 ☐ ☐ ☐

座 ★

앉을 **좌**

훈독 すわる
음독 ざ

座る(すわ) 앉다
座席(ざせき) 좌석 | **口座**(こうざ) 계좌 | **講座**(こうざ) 강좌

Tip 왕초보 필수 한자어

한자 암기 동영상을 보면서 복습하세요

行く(いく)/行く(ゆく)	가다
行う(おこなう)	행하다
行動(こうどう)	행동
銀行(ぎんこう)	은행
飛行機(ひこうき)	비행기
行事(ぎょうじ)	행사
動く(うごく)	움직이다
入り口(いりぐち)	입구
飛ぶ(とぶ)	날다
転ぶ(ころぶ)	넘어지다
自転車(じてんしゃ)	자전거
倒れる(たおれる)	쓰러지다
泳ぐ(およぐ)	헤엄치다
水泳(すいえい)	수영
取る(とる)	잡다, 쥐다
押す(おす)	누르다, 밀다
引く(ひく)	끌다, 당기다
回る(まわる)	돌다
切る(きる)	끊다, 자르다
大切(たいせつ)	소중함
親切(しんせつ)	친절
折る(おる)	접다
握る(にぎる)	쥐다
握手(あくしゅ)	악수
打つ(うつ)	치다, 때리다
与える(あたえる)	주다, 수여하다
給与(きゅうよ)	급여
受ける(うける)	받다
受かる(うかる)	합격하다, 붙다
返す(かえす)	돌려주다
掛ける(かける)	걸다
飾る(かざる)	장식하다, 꾸미다
予防(よぼう)	예방
隠す(かくす)	숨기다
包む(つつむ)	싸다, 에워싸다
追う(おう)	쫓다
立派(りっぱ)	훌륭함
国立(こくりつ)	국립
独立(どくりつ)	독립
座席(ざせき)	좌석

연습문제

1 한자를 바르게 읽은 것을 고르세요.

1	行動	① こうとう	② こうどう	③ ぎょうとう	④ ぎょうどう
2	行事	① こうし	② こうじ	③ きょうし	④ ぎょうじ
3	独立	① どくたち	② とくたち	③ どくりつ	④ とくりつ
4	銀行	① きんこう	② ぎんこう	③ きんごう	④ ぎんごう
5	立派	① りつは	② りっぱ	③ りっぱ	④ すてき

2 알맞은 한자를 고르세요.

1	かんどう	① 感動	② 関動	③ 感働	④ 関働
2	あくしゅ	① 悪手	② 回転	③ 握手	④ 運転
3	きゅうよ	① 給料	② 給与	③ 月給	④ 年金
4	ざせき	① 出席	② 欠席	③ 座席	④ 宝石
5	たいせつ	① 大切	② 大雪	③ 台切	④ 台雪

3 일본어 한자를 바르게 써 보세요.

1 비행기 ______________________　　2 수영 ______________________

3 친절 ______________________　　4 국립 ______________________

5 예방 ______________________　　6 우회전 ______________________

1 1.② 2.④ 3.③ 4.② 5.③　2 1.① 2.③ 3.② 4.③ 5.①　3 1.飛行機(ひこうき) 2.水泳(すいえい) 3.親切(しんせつ) 4.国立(こくりつ) 5.予防(よぼう) 6.右折(うせつ)

Day 19

공부 순서 □ 한자 학습 ➡ □ 왕초보 필수 한자어 ➡ □ 연습문제 ➡ □ 한자 암기 동영상

집·건물·장소

MP3를 들어보세요

公園(こうえん) 공원

病院(びょういん) 병원

郵便局(ゆうびんきょく) 우체국

建物(たてもの) 건물

一戸建て(いっこだて) 단독 주택

窓(まど) 창문

575 ☐☐☐ **建** ★ 세울 **건**

훈독 たてる / たつ
음독 けん

建てる(たてる) 세우다 | **建て物**(たてもの) 건물 | **二階建て**(にかいだて) 이층 건물
建つ(たつ) (건물 등이) 세워지다
建国(けんこく) 건국 | **建設**(けんせつ) 건설

576 ☐☐☐ **住** ★ 살 **주**

훈독 すむ / すまう
음독 じゅう

住む(すむ) 살다 예 田舎に住む(いなかにすむ) 시골에 살다
住まう(すまう) 살다 | **住まい**(すまい) 사는 곳, 거주지
住居(じゅうきょ) 주거 | **住所**(じゅうしょ) 주소 | **住民**(じゅうみん) 주민

577 ☐☐☐ **宅** 집 **택** / 댁 **댁**

음독 たく

お宅(おたく) 댁 | **宅配便**(たくはいびん) 택배 | **住宅**(じゅうたく) 주택
예 先生のお宅(せんせいのおたく) 선생님 댁

578 ☐☐☐ **戸** 지게 **호**

훈독 と
음독 こ

戸(と) 문
戸籍(こせき) 호적 | **一戸建て**(いっこだて) 단독 주택

579 ☐☐☐ **門** ★ 문 **문**

훈독 かど
음독 もん

門(かど) 문
門(もん) 문 | **専門**(せんもん) 전문 | **部門**(ぶもん) 부문 | **名門**(めいもん) 명문

580 ☐☐☐ **畳** 겹쳐질 **첩**

훈독 たたむ
음독 じょう

畳む(たたむ) 개다, 접다 | **畳**(たたみ) 다다미
～畳(じょう) ～장(다다미를 세는 단위) 예 四畳半(よじょうはん) 다다미 4장 반

581 ☐☐☐ **窓** 창 **창**

훈독 まど
음독 そう

窓(まど) 창문 | **窓際**(まどぎわ) 창가 | **窓口**(まどぐち) 창구
同窓会(どうそうかい) 동창회

582 庭 ★ 뜰 정

훈독 にわ
음독 てい

庭(にわ) 정원
庭園(ていえん) 정원 | 家庭(かてい) 가정 | 校庭(こうてい) 교정

583 庫 창고 고

음독 こ

車庫(しゃこ) 차고 | 文庫(ぶんこ) 문고 | 冷蔵庫(れいぞうこ) 냉장고

584 段 층계 단

음독 だん

段落(だんらく) 단락 | 階段(かいだん) 계단 | 手段(しゅだん) 수단

585 柱 기둥 주

훈독 はしら
음독 ちゅう

柱(はしら) 기둥
電柱(でんちゅう) 전봇대

586 棚 시렁 붕

음독 たな

棚(たな) 선반 | 網棚(あみだな) (기차 안의) 그물 선반 | 本棚(ほんだな) 책장

587 設 베풀 설

훈독 もうける
음독 せつ

設(もう)ける 마련하다, 설치하다 예 機会(きかい)を設(もう)ける 기회를 마련하다
建設(けんせつ) 건설 | 施設(しせつ) 시설 | 設計(せっけい) 설계

588 備 ★ 갖출 비

훈독 そなえる
そなわる
음독 び

備(そな)える 갖추다, 대비하다 예 設備(せつび)を備(そな)える 설비를 갖추다
備(そな)わる 갖추어지다, 구비되다
예 資格(しかく)が備(そな)わる 자격이 갖춰지다
警備(けいび) 경비 | 準備(じゅんび) 준비 | 設備(せつび) 설비

589 **構** 얽을 구

훈독 かまえる / かまう
음독 こう

構える(かま) 차리다 예 一家(いっか)を構える(かま) 한 가정을 꾸미다, 독립하다
構う(かま) 상관하다 | 構わない(かま) 상관없다
構成(こうせい) 구성 | 結構(けっこう) 훌륭함, 꽤, 상당히, 충분함

590 **造** ★ 지을 조

훈독 つくる
음독 ぞう

造る(つく) 만들다, 짓다 예 道路(どうろ)を造る(つく) 도로를 만들다
改造(かいぞう) 개조 | 構造(こうぞう) 구조 | 製造(せいぞう) 제조

▶作るは 작은 물건이나 무형의 규칙, 造るは 대규모 유형의 것을 만든다고 할 때 쓰입니다.

591 **築** 쌓을 축

훈독 きずく
음독 ちく

築く(きず) 쌓다, 짓다 예 信用(しんよう)を築く(きず) 신용을 쌓다
建築(けんちく) 건축 | 構築(こうちく) 구축 | 新築(しんちく) 신축

592 **場** ★ 장소 장

훈독 ば
음독 じょう

場合(ばあい) 경우 | 場所(ばしょ) 장소 | 場面(ばめん) 장면
運動場(うんどうじょう) 운동장 | 工場(こうじょう) 공장 | 駐車場(ちゅうしゃじょう) 주차장 |
飛行場(ひこうじょう) 비행장

593 **所** ★ 바 소

훈독 ところ
음독 しょ

所(ところ) 곳 | 台所(だいどころ) 부엌 | 見所(みどころ) 볼 만한 곳
所有(しょゆう) 소유 | 短所(たんしょ) 단점 | 場所(ばしょ) 장소 | 名所(めいしょ) 명소

594 **園** 동산 원

음독 えん

園芸(えんげい) 원예 | 公園(こうえん) 공원 | 動物園(どうぶつえん) 동물원

595 **院** ★ 집 원

음독 いん

退院(たいいん) 퇴원 | 入院(にゅういん) 입원 | 美容院(びよういん) 미용실 | 病院(びょういん) 병원

596 局 ★

판 국

음독 きょく

結局(けっきょく) 결국 | 放送局(ほうそうきょく) 방송국 | 薬局(やっきょく) 약국 | 郵便局(ゆうびんきょく) 우체국

597 館

집 관

훈독 やかた
음독 かん

館(やかた) 저택
映画館(えいがかん) 영화관 | 体育館(たいいくかん) 체육관 | 美術館(びじゅつかん) 미술관 | 旅館(りょかん) 여관

598 室

집 실

음독 しつ

室内(しつない) 실내 | 会議室(かいぎしつ) 회의실 | 教室(きょうしつ) 교실 | 浴室(よくしつ) 욕실

599 屋 ★

집 옥

훈독 や
음독 おく

屋根(やね) 지붕 | 花屋(はなや) 꽃 가게 | 部屋(へや) 방 | 本屋(ほんや) 책방
屋外(おくがい) 옥외 | 屋上(おくじょう) 옥상 | 家屋(かおく) 가옥

600 寺

절 사

훈독 てら
음독 じ

寺(てら) 절
寺院(じいん) 사원

한자 암기 동영상을
보면서 복습하세요

Tip 왕초보 필수 한자어

た	建てる	세우다
す	住む	살다
す	住まい	사는 곳
じゅうしょ	住所	주소
たた	畳む	개다, 접다
まどぐち	窓口	창구
かてい	家庭	가정
でんちゅう	電柱	전봇대
ほんだな	本棚	책장
けんせつ	建設	건설
じゅんび	準備	준비
つく	造る	만들다, 짓다
ばあい	場合	경우
うんどうじょう	運動場	운동장
ところ	所	곳
たんしょ	短所	단점
こうえん	公園	공원
びょういん	病院	병원
びよういん	美容院	미용실
ゆうびんきょく	郵便局	우체국
えいがかん	映画館	영화관
かいぎしつ	会議室	회의실
へや	部屋	방
おくじょう	屋上	옥상

연습문제

1 한자를 바르게 읽은 것을 고르세요.

1 準備 ① ちゅんび ② ちゅんみ ③ しゅんび ④ じゅんび

2 病院 ① びよういん ② びよいん ③ びょいん ④ びょういん

3 郵便局 ① ゆびんきょく ② ゆうびんきょく ③ ゆびんこく ④ ゆうびんこく

4 会議室 ① かいきしつ ② かいぎしつ ③ かいきじつ ④ がいぎじつ

5 本棚 ① きたな ② きだな ③ ほんたな ④ ほんだな

2 알맞은 한자를 고르세요.

1 へや ① 花屋 ② 本屋 ③ 屋根 ④ 部屋

2 まどぐち ① 窓際 ② 窓口 ③ 出口 ④ 同窓

3 じゅうしょ ① 住宅 ② 主所 ③ 住所 ④ 主人

4 ばあい ① 場合 ② 場所 ③ 短所 ④ 組合

5 ところ ① 台 ② 場 ③ 館 ④ 所

3 일본어 한자를 바르게 써 보세요.

1 공원 ________________ 2 미용실 ________________

3 영화관 ________________ 4 운동장 ________________

5 옥상 ________________ 6 가정 ________________

1 1.④ 2.④ 3.② 4.② 5.④ 2 1.④ 2.② 3.③ 4.① 5.④ 3 1. 公園(こうえん) 2. 美容院(びよういん) 3. 映画館(えいがかん) 4. 運動場(うんどうじょう) 5. 屋上(おくじょう) 6. 家庭(かてい)

동물·식물

MP3를 들어보세요

いぬ
犬 개

ねこ
猫 고양이

うし
牛 소

うま
馬 말

とり
鳥 새

はな　さ
花が咲く 꽃이 피다

601 **犬** 개 견
- 훈독 いぬ
- 음독 けん

犬(いぬ) 개 | 子犬(こいぬ) 강아지
愛犬(あいけん) 애견 | 名犬(めいけん) 명견

602 **猫** 고양이 묘
- 훈독 ねこ
- 음독 びょう

猫(ねこ) 고양이
愛猫(あいびょう) 애묘

603 **牛** ★ 소 우
- 훈독 うし
- 음독 ぎゅう

牛(うし) 소 | 牛小屋(うしごや) 외양간 | 子牛(こうし) 송아지
牛肉(ぎゅうにく) 소고기 | 牛乳(ぎゅうにゅう) 우유

604 **馬** 말 마
- 훈독 うま
- 음독 ば

馬(うま) 말
馬鹿(ばか) 바보 | 競馬(けいば) 경마 | 乗馬(じょうば) 승마

605 **鳥** ★ 새 조
- 훈독 とり
- 음독 ちょう

鳥(とり) 새 | 鳥小屋(とりごや) 새장, 닭장 | 鳥肉(とりにく) 닭고기 | 小鳥(ことり) 작은 새
鳥類(ちょうるい) 조류

606 **羊** 양 양
- 훈독 ひつじ
- 음독 よう

羊(ひつじ) 양
羊肉(ようにく) 양고기

607 **猿** 원숭이 원
- 훈독 さる
- 음독 えん

猿(さる) 원숭이
類人猿(るいじんえん) 유인원

608 **象** ★

코끼리 상

- 음독: ぞう, しょう

象(ぞう) 코끼리

象徴(しょうちょう) 상징 | 印象(いんしょう) 인상 | 気象(きしょう) 기상 | 現象(げんしょう) 현상

---

609 **虫**

벌레 충

- 훈독: むし
- 음독: ちゅう

虫(むし) 벌레

害虫(がいちゅう) 해충 | 昆虫(こんちゅう) 곤충 | 殺虫剤(さっちゅうざい) 살충제

---

610 **羽**

깃 우

- 훈독: はね
- 음독: わ, う

羽(はね) 날개

～羽(わ) ~마리(새, 토끼를 세는 단위) 예 一羽(いちわ), 二羽(にわ), 三羽(さんわ), 四羽(よんわ), 五羽(ごわ), 六羽(ろくわ), 七羽(ななわ), 八羽(はちわ), 九羽(きゅうわ), 十羽(じゅうわ)

羽毛(うもう) 깃털

---

611 **植** ★

심을 식

- 훈독: うえる
- 음독: しょく

植(う)える 심다 예 木(き)を植(う)える 나무를 심다

植物(しょくぶつ) 식물 | 移植(いしょく) 이식

---

612 **花** ★

꽃 화

- 훈독: はな
- 음독: か

花(はな) 꽃 | 花束(はなたば) 꽃다발 | 花見(はなみ) 꽃구경 | 生(い)け花(ばな) 꽃꽂이

花瓶(かびん) 꽃병 | 花粉(かふん) 꽃가루 | 国花(こっか) 국화

---

613 **咲**

필 소

- 훈독: さく

咲(さ)く 피다 예 花(はな)が咲(さ)く 꽃이 피다

---

614 **実** ★

열매 실

- 훈독: み, みのる
- 음독: じつ

実(み) 열매, 결실

実(みの)る 열매를 맺다

実力(じつりょく) 실력 | 事実(じじつ) 사실 | 実験(じっけん) 실험

615 **草** 훈독 くさ 음독 そう
풀 초

草(くさ) 풀
草食(そうしょく) 초식 | 雑草(ざっそう) 잡초 | 薬草(やくそう) 약초

616 **林** 훈독 はやし 음독 りん
수풀 림

林(はやし) 수풀, 숲 | 松林(まつばやし) 소나무 숲
林業(りんぎょう) 임업 | 山林(さんりん) 산림 | 密林(みつりん) 밀림

617 **森** 훈독 もり 음독 しん
수풀 삼

森(もり) 숲(자연 그대로의 숲)
森林浴(しんりんよく) 삼림욕

▶森(もり)는 자연스럽게 형성된 수목이 울창한 숲을 뜻하고, 林(はやし)는 인공적으로 수목을 심어 놓은 森보다는 작은 규모의 숲을 뜻합니다.

618 **種** ★ 훈독 たね 음독 しゅ
씨 종

種(たね) 씨, 씨앗
種類(しゅるい) 종류 | 各種(かくしゅ) 각종 | 人種(じんしゅ) 인종

619 **芽** 훈독 め 음독 が
싹 아

芽(め) 싹
発芽(はつが) 발아 | 麦芽(ばくが) 맥아

620 **根** ★ 훈독 ね 음독 こん
뿌리 근

根(ね) 뿌리 | 屋根(やね) 지붕
根拠(こんきょ) 근거 | 根本(こんぽん) 근본 | 大根(だいこん) 무

621 **枝** 훈독 えだ 음독 し
가지 지

枝(えだ) (나뭇)가지
枝葉(しよう) 가지와 잎

622 **葉** ★

잎 엽

훈독 は

음독 よう

葉(は) 잎 | 葉書(はがき) 엽서 | 言葉(ことば) 말, 언어

紅葉(こうよう) 단풍(もみじ라고도 읽음)

623 **桜**

앵두나무 앵

훈독 さくら

음독 おう

桜(さくら) 벚꽃

桜桃(おうとう) 앵두

624 **梅**

매화 매

훈독 うめ

음독 ばい

梅(うめ) 매화나무, 매실 | 梅干し(うめぼし) 매실 장아찌

梅雨(ばいう) 장마(つゆ라고도 읽음)

625 **松**

소나무 송

훈독 まつ

음독 しょう

松(まつ) 소나무 | 門松(かどまつ) 설날 집 앞에 장식하는 소나무

松竹梅(しょうちくばい) 송죽매(소나무, 대나무, 매화)

626 **竹**

대나무 죽

훈독 たけ

음독 ちく

竹(たけ) 대나무

竹林(ちくりん) 대나무 숲

627 **菊**

국화 국

훈독 きく

菊(きく) 국화

한자 암기 동영상을 보면서 복습하세요

Tip 왕초보 필수 한자어

牛乳(ぎゅうにゅう)	우유
牛肉(ぎゅうにく)	소고기
印象(いんしょう)	인상
～羽(わ)	～마리(새, 토끼를 세는 단위)
木(き)を植(う)える	나무를 심다
植物(しょくぶつ)	식물
花見(はなみ)	꽃구경
花(はな)が咲(さ)く	꽃이 피다
実力(じつりょく)	실력
種類(しゅるい)	종류
葉書(はがき)	엽서
言葉(ことば)	말, 언어
紅葉(こうよう)	단풍(もみじ라고도 읽음)
桜(さくら)	벚꽃
梅(うめ)	매화나무, 매실
梅雨(ばいう)	장마(つゆ라고도 읽음)
松(まつ)	소나무
竹(たけ)	대나무
菊(きく)	국화

Tip 왕초보 필수 동사

洗(あら)う	씻다
歩(ある)く	걷다
急(いそ)ぐ	서두르다
動(うご)く	움직이다
失(うしな)う	잃다
決(き)める	결정하다
答(こた)える	대답하다
困(こま)る	곤란하다
住(す)む	살다
座(すわ)る	앉다
使(つか)う	사용하다
着(つ)く	도착하다
伝(つた)える	전하다
続(つづ)く	계속되다
通(とお)る	지나다
習(なら)う	배우다
残(のこ)る	남다
始(はじ)める	시작하다
走(はし)る	달리다
働(はたら)く	일하다
減(へ)る	줄다, 감소하다
辞(や)める	그만두다
別(わか)れる	헤어지다
笑(わら)う	웃다

연습문제

1 한자를 바르게 읽은 것을 고르세요.

1 印象 ①いんそう ②いんしょう ③にんそう ④にんしょう

2 植物 ①しょくもの ②しょくぶつ ③しきもの ④しきぶつ

3 種類 ①しゅりゅい ②しゅうるい ③しゅうりゅう ④しゅるい

4 葉書 ①はしょ ②ばしょ ③はかき ④はがき

5 紅葉 ①こうよ ②ごうよ ③こうよう ④ごうよう

2 알맞은 한자를 고르세요.

1 ねこ ①羊 ②鳥 ③猫 ④像

2 たけ ①松 ②梅 ③竹 ④菊

3 つゆ ①桜 ②花 ③梅干 ④梅雨

4 うし ①牛 ②馬 ③虫 ④猿

5 はね ①実 ②羽 ③木 ④枝

3 일본어 한자를 바르게 써 보세요.

1 소고기 ______________________ 2 꽃구경 ______________________

3 실력 ______________________ 4 풀 ______________________

5 뿌리 ______________________ 6 (나뭇)가지 ______________________

1 1.② 2.② 3.④ 4.④ 5.③ **2** 1.③ 2.③ 3.④ 4.① 5.② **3** 1. 牛肉(ぎゅうにく) 2. 花見(はなみ) 3. 実力(じつりょく) 4. 草(くさ) 5. 根(ね) 6. 枝(えだ)

Day 21

공부 순서 □ 한자 학습 ➡ □ 왕초보 필수 한자어 ➡ □ 연습문제 ➡ □ 한자 암기 동영상

자연·환경

MP3를 들어보세요

しぜん
自然 자연

うみ
海 바다

やま
山 산

さばく
砂漠 사막

ほし
星 별

うちゅう
宇宙 우주

628 ☐ ☐ ☐

自 ★

스스로 자

훈독 みずから

음독 し / じ

自ら(みずから) 스스로, 자신

自然(しぜん) 자연

自身(じしん) 자신 | 自分(じぶん) 자기, 자신 | 自由(じゆう) 자유

---

629 ☐ ☐ ☐

然 ★

그럴 연

음독 ぜん / ねん

偶然(ぐうぜん) 우연 | 全然(ぜんぜん) 전혀 | 当然(とうぜん) 당연

天然(てんねん) 천연

---

630 ☐ ☐ ☐

環

고리 환

음독 かん

環境(かんきょう) 환경 | 循環(じゅんかん) 순환

---

631 ☐ ☐ ☐

境

지경 경

훈독 さかい

음독 きょう

境(さかい) 경계, 갈림길

境界(きょうかい) 경계 | 国境(こっきょう) 국경 | 心境(しんきょう) 심경

---

632 ☐ ☐ ☐

保

지킬 보

훈독 たもつ

음독 ほ

保つ(たもつ) 유지하다, 보전하다

保安(ほあん) 보안 | 保管(ほかん) 보관 | 確保(かくほ) 확보

---

633 ☐ ☐ ☐

護

도울 호

음독 ご

看護(かんご) 간호 | 弁護士(べんごし) 변호사 | 保護(ほご) 보호

---

634 ☐ ☐ ☐

災 ★

재앙 재

훈독 わざわい

음독 さい

災い(わざわい) 재앙

災難(さいなん) 재난 | 火災(かさい) 화재 | 天災(てんさい) 천재

635 ☐☐☐

守 ★

지킬 수

훈독 まもる

음독 しゅ / す

守る(まもる) 보호하다 예 自然を守る(しぜんをまもる) 자연을 보호하다

守備(しゅび) 수비 | 厳守(げんしゅ) 엄수 | 保守(ほしゅ) 보수

留守(るす) 부재중

---

636 ☐☐☐

川 ★

내 천

훈독 かわ

음독 せん

川(かわ) 강 | 小川(おがわ) 작은 강 | 谷川(たにがわ) 계곡

河川(かせん) 하천 | 山川(さんせん) 산천

---

637 ☐☐☐

海 ★

바다 해

훈독 うみ

음독 かい

海(うみ) 바다 | 海辺(うみべ) 해변

海外(かいがい) 해외 | 海岸(かいがん) 해안 | 海水浴(かいすいよく) 해수욕

---

638 ☐☐☐

波

물결 파

훈독 なみ

음독 は

波(なみ) 파도

波紋(はもん) 파문 | 寒波(かんぱ) 한파 | 電波(でんぱ) 전파

---

639 ☐☐☐

洋

큰바다 양

음독 よう

洋式(ようしき) 양식 | 海洋(かいよう) 해양 | 大西洋(たいせいよう) 대서양

---

640 ☐☐☐

山 ★

뫼 산

훈독 やま

음독 さん / ざん

山(やま) 산 | 山登り(やまのぼり) 등산 | 山道(やまみち) 산길

山水画(さんすいが) 산수화 | 沢山(たくさん) 많이 | 富士山(ふじさん) 후지산

登山(とざん) 등산

---

641 ☐☐☐

池

못 지

훈독 いけ

음독 ち

池(いけ) 연못 | 古池(ふるいけ) 오래된 연못

貯水池(ちょすいち) 저수지 | 電池(でんち) 건전지

642 **景** ★

별 경

음독 け / けい

景色(けしき) 경치

景気(けいき) 경기 | 光景(こうけい) 광경 | 背景(はいけい) 배경

---

643 **原**

근원 원

훈독 はら

음독 げん

原(はら) 들, 벌판

原因(げんいん) 원인 | 原則(げんそく) 원칙 | 原理(げんり) 원리

---

644 **野**

들 야

훈독 の

음독 や

野(の) 들 | 野原(のはら) 들판 | 野道(のみち) 들길

野球(やきゅう) 야구 | 野生(やせい) 야생 | 分野(ぶんや) 분야 | 平野(へいや) 평야

---

645 **砂**

모래 사

훈독 すな

음독 さ / しゃ

砂(すな) 모래

砂糖(さとう) 설탕 | 砂漠(さばく) 사막

土砂(どしゃ) 토사 | 土砂降り(どしゃぶり) 비가 억수같이 쏟아짐 | 砂利(じゃり) 자갈

---

646 **石**

돌 석

훈독 いし

음독 せき / しゃく

石(いし) 돌

石炭(せきたん) 석탄 | 石油(せきゆ) 석유 | 宝石(ほうせき) 보석

磁石(じしゃく) 자석

---

647 **岩**

바위 암

훈독 いわ

음독 がん

岩(いわ) 바위

岩石(がんせき) 암석 | 溶岩(ようがん) 용암

---

648 **星**

별 성

훈독 ほし

음독 せい

星(ほし) 별 | 流れ星(ながれぼし) 별똥별

星座(せいざ) 별자리 | 火星(かせい) 화성

649 宇 집 우
음독 う
宇宙(うちゅう) 우주

650 宙 집 주
음독 ちゅう
宙返り(ちゅうがえ) 공중제비

651 界 ★ 지경 계
음독 かい
学界(がっかい) 학계 | 業界(ぎょうかい) 업계 | 世界(せかい) 세계

652 農 농사 농
음독 のう
農家(のうか) 농가 | 農業(のうぎょう) 농업 | 農産物(のうさんぶつ) 농산물

653 魚 물고기 어
훈독 さかな
うお
음독 ぎょ
魚(さかな) 물고기 | 魚屋(さかなや) 생선 가게
魚市場(うおいちば) 어시장
金魚(きんぎょ) 금붕어 | 熱帯魚(ねったいぎょ) 열대어 | 人魚(にんぎょ) 인어

654 貝 조개 패
훈독 かい
貝(かい) 조개 | 貝殻(かいがら) 조개껍데기

655 田 밭 전
훈독 た
음독 でん
田(た)/田(た)んぼ 논 | 田植(たう)え 모내기
田園(でんえん) 전원 | 塩田(えんでん) 염전 | 油田(ゆでん) 유전
예외 田舎(いなか) 시골

656 □ □ □

畑

화전 전

훈독 はたけ

畑(はたけ) 밭 | 花畑(はなばたけ) 꽃밭

▶畑은 일본 한자로 '화전', '밭'이라는 뜻입니다. '밭 전' 자인 田은 일본어에서는 '논'이라는 뜻입니다.

657 □ □ □

米

쌀 미

훈독 こめ

음독 まい べい

米(こめ) 쌀

玄米(げんまい) 현미 | 白米(はくまい) 백미

米国(べいこく) 미국 | 欧米(おうべい) 구미, 유럽과 미국

658 □ □ □

豆

콩 두

훈독 まめ

음독 とう ず

豆(まめ) 콩 | コーヒー豆(まめ) 커피 원두

豆乳(とうにゅう) 두유 | 豆腐(とうふ) 두부 | 納豆(なっとう) 낫토

大豆(だいず) 대두, 콩

659 □ □ □

舟

배 주

훈독 ふね

舟(ふね) (소형) 배 예 舟(ふね)に乗(の)る 배를 타다

660 □ □ □

船 ★

배 선

훈독 ふね

음독 せん

船(ふね) (대형) 배

船長(せんちょう) 선장 | 漁船(ぎょせん) 어선 | 遊覧船(ゆうらんせん) 유람선

▶舟는 직접 노를 젓거나 이동 수단으로 이용하는 소형 배를 뜻하고, 船는 동력 장치가 달려 있는 대형 배를 가리킵니다.

Tip 왕초보 필수 한자어

한자 암기 동영상을 보면서 복습하세요

自身	じしん	자신
環境	かんきょう	환경
弁護士	べんごし	변호사
火災	かさい	화재
川	かわ	강
河川	かせん	하천
海	うみ	바다
海水浴	かいすいよく	해수욕
海岸	かいがん	해안
波	なみ	파도
山	やま	산
登山	とざん	등산
池	いけ	연못
野原	のはら	들판
砂	すな	모래
砂糖	さとう	설탕
石	いし	돌
石油	せきゆ	석유
宝石	ほうせき	보석
岩	いわ	바위
星	ほし	별
魚	さかな	물고기
金魚	きんぎょ	금붕어
貝	かい	조개
田 / 田んぼ	た / た	논
田舎	いなか	시골
畑	はたけ	밭
米	こめ	쌀
米国	べいこく	미국(= アメリカ)
豆	まめ	콩
舟	ふね	(소형) 배
船	ふね	(대형) 배

연습문제

1 한자를 바르게 읽은 것을 고르세요.

1 自身 ① じぶん ② じしん ③ じゆう ④ しぜん

2 環境 ① かんけい ② きょうかい ③ こっきょう ④ かんきょう

3 宝石 ① たからいし ② ほうせき ③ ぼうせき ④ たからもの

4 田舎 ① はたけ ② たんぼ ③ のはら ④ いなか

5 砂糖 ① すなあめ ② すなとう ③ さとう ④ さっとう

2 알맞은 한자를 고르세요.

1 まめ ① 米 ② 貝 ③ 豆 ④ 星

2 かわ ① 海 ② 川 ③ 池 ④ 波

3 べんごし ① 看護師 ② 保護者 ③ 弁護士 ④ 飛行士

4 かいがん ① 河川 ② 野原 ③ 海辺 ④ 海岸

5 かさい ① 火事 ② 地震 ③ 火災 ④ 天災

3 일본어 한자를 바르게 써 보세요.

1 세계 ____________ 2 등산 ____________

3 석유 ____________ 4 파도 ____________

5 금붕어 ____________ 6 별 ____________

1 1. ② 2. ④ 3. ② 4. ④ 5. ③ **2** 1. ③ 2. ② 3. ③ 4. ④ 5. ③ **3** 1. 世界(せかい) 2. 登山(とざん) 3. 石油(せきゆ) 4. 波(なみ) 5. 金魚(きんぎょ) 6. 星(ほし)

Day 22

공부 순서 □ 한자 학습 ➡ □ 왕초보 필수 한자어 ➡ □ 연습문제 ➡ □ 한자 암기 동영상

사회·정치·지역

MP3를 들어보세요

661 **世** ★
세상 **세**

□ □ □

훈독 よ
- 世の中(よのなか) 세상

음독 せ
- 世界(せかい) 세계 | 世話(せわ) 신세, 돌봄, 폐
- 예 お世話(せわ)になる 신세를 지다

せい
- 近世(きんせい) 근세 | 中世(ちゅうせい) 중세

---

662 **国** ★
나라 **국**

□ □ □

훈독 くに
- 国(くに) 나라, 고향 | 雪国(ゆきぐに) 설국

음독 こく
- 国際(こくさい) 국제 | 国内(こくない) 국내 | 外国人(がいこくじん) 외국인 | 韓国(かんこく) 한국

---

663 **史**
사기 **사**

□ □ □

음독 し
- 史料(しりょう) 사료 | 歴史(れきし) 역사

---

664 **統** ★
거느릴 **통**

□ □ □

음독 とう
- 統一(とういつ) 통일 | 統計(とうけい) 통계 | 伝統(でんとう) 전통

---

665 **領**
거느릴 **령**

□ □ □

음독 りょう
- 領収書(りょうしゅうしょ) 영수증 | 大統領(だいとうりょう) 대통령 | 要領(ようりょう) 요령

---

666 **治** ★
다스릴 **치**

□ □ □

훈독 おさめる
- 治(おさ)める 진정시키다, 다스리다 예 国(くに)を治(おさ)める 나라를 다스리다

おさまる
- 治(おさ)まる 진정되다, 가라앉다 예 風(かぜ)が治(おさ)まる 바람이 잦아들다

なおす
- 治(なお)す 고치다, 치료하다 예 病気(びょうき)を治(なお)す 병을 고치다

なおる
- 治(なお)る 낫다, 치료되다 예 風邪(かぜ)が治(なお)る 감기가 낫다

음독 ち
- 治療(ちりょう) 치료 | 統治(とうち) 통치

じ
- 政治(せいじ) 정치 | 退治(たいじ) 퇴치

667 **政** 정사 정

음독 せい

政権(せいけん) 정권 | 政治(せいじ) 정치 | 政府(せいふ) 정부 | 財政(ざいせい) 재정

668 **権** 권세 권

음독 けん

権利(けんり) 권리 | 権勢(けんせい) 권세 | 権力(けんりょく) 권력 | 人権(じんけん) 인권

669 **利** 이로울 리

훈독 きく

利(き)く (능력을) 발휘하다, 기능하다, 잘 움직이다 |
利(き)かない 잘 움직이지 않다, 제대로 기능하지 못하다
예 体(からだ)がよく利(き)かない 몸이 잘 움직이지 않는다

음독 り

利益(りえき) 이익 | 利口(りこう) 영리함 | 勝利(しょうり) 승리 | 有利(ゆうり) 유리

670 **策** 꾀 책

음독 さく

解決策(かいけつさく) 해결책 | 政策(せいさく) 정책 | 対策(たいさく) 대책

671 **理** ★ 다스릴 리

음독 り

理論(りろん) 이론 | 理由(りゆう) 이유 | 地理(ちり) 지리 | 無理(むり) 무리

672 **公** 공평할 공

훈독 おおやけ

公(おおやけ) 공공 예 公(おおやけ)の場(ば) 공적인 자리

음독 こう

公開(こうかい) 공개 | 公害(こうがい) 공해 | 公平(こうへい) 공평

673 **投** 던질 투

훈독 なげる

投(な)げる 던지다 예 ボールを投(な)げる 공을 던지다

음독 とう

投資(とうし) 투자 | 投手(とうしゅ) 투수 | 投入(とうにゅう) 투입 |
意気投合(いきとうごう) 의기투합

674	票 (표 표)	음독 ひょう	票決(ひょうけつ) 표결 | 投票(とうひょう) 투표 | 得票(とくひょう) 득표
675	地 ★ (땅 지)	음독 ち, じ	地球(ちきゅう) 지구 | 地名(ちめい) 지명 | 土地(とち) 토지 地震(じしん) 지진 | 地面(じめん) 지면
676	域 (지경 역)	음독 いき	区域(くいき) 구역 | 地域(ちいき) 지역 | 領域(りょういき) 영역
677	県 (고을 현)	음독 けん	県(けん) 현(일본 행정 구역) | 県庁(けんちょう) 현청 | 都道府県(とどうふけん) 도도부현(일본의 행정 구역인 1都(と) 1道(どう) 2府(ふ) 43県(けん)을 이르는 말)
678	市 (저자 시)	훈독 いち 음독 し	市場(いちば) 시장 | 市立(いちりつ) 시립 | 朝市(あさいち) 아침 시장 市立(しりつ) 시립 | 市民(しみん) 시민 | 市役所(しやくしょ) 시청 | 都市(とし) 도시 ▶市立를 私立(사립)와 구별하기 위해 いちりつ라고 읽기도 합니다.
679	区 (지경 구)	훈독 く	区域(くいき) 구역 | 区画(くかく) 구획 | 区間(くかん) 구간 | 区役所(くやくしょ) 구청
680	町 ★ (밭두둑 정)	훈독 まち 음독 ちょう	町(まち) 시내, 읍내 | 町角(まちかど) 길모퉁이 | 港町(みなとまち) 항구 도시 町(ちょう) 정(일본 행정 구역. 우리나라의 동, 읍에 해당) | 町長(ちょうちょう) 동장

681 **村** 마을 촌

훈독 むら
음독 そん

村(むら) 마을 | 村祭(むらまつ)り 마을 축제
漁村(ぎょそん) 어촌 | 山村(さんそん) 산촌 | 農村(のうそん) 농촌

---

682 **京** 서울 경

음독 きょう
けい

帰京(ききょう) 귀경 | 上京(じょうきょう) 상경 | 東京(とうきょう) 도쿄
京浜(けいひん) 도쿄와 요코하마

---

683 **都** 도읍 도

훈독 みやこ
음독 と
つ

都(みやこ) 수도
都市(とし) 도시 | 首都(しゅと) 수도 | 東京都(とうきょうと) 도쿄도
都合(つごう) 사정, 경우, 형편 예 都合(つごう)が悪(わる)い 사정이 좋지 않다

---

684 ★ **島** 섬 도

훈독 しま
음독 とう

島(しま) 섬 | 島国(しまぐに) 섬나라
諸島(しょとう) 제도 | 半島(はんとう) 반도 | 無人島(むじんとう) 무인도

---

685 ★ **港** 항구 항

훈독 みなと
음독 こう

港(みなと) 항구
開港(かいこう) 개항 | 空港(くうこう) 공항 | 入港(にゅうこう) 입항

---

686 **橋** 다리 교

훈독 はし
음독 きょう

橋(はし) 다리
鉄橋(てっきょう) 철교 | 歩道橋(ほどうきょう) 육교

---

687 ★ **駅** 역 역

음독 えき

駅(えき) 역 | 駅員(えきいん) 역무원 | 駅前(えきまえ) 역 앞

Tip 일본의 행정 구역

◆ 일본의 행정 구역은 1도(都), 1도(道), 2부(府), 43현(県)으로 이루어져 있습니다.

1도(都)	東京都(とうきょうと)	1도(道)	北海道(ほっかいどう)
2부(府)	京都府(きょうとふ), 大阪府(おおさかふ)	43현(県)	青森県(あおもりけん), 長崎県(ながさきけん) 등 43개

◆ 지방별 도도부현(都道府県)은 다음과 같습니다.

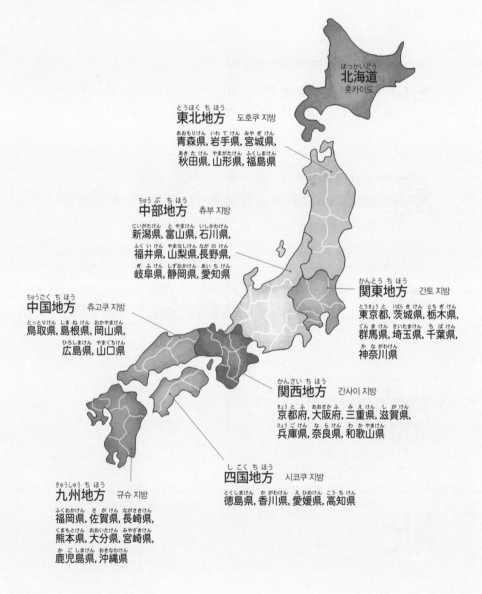

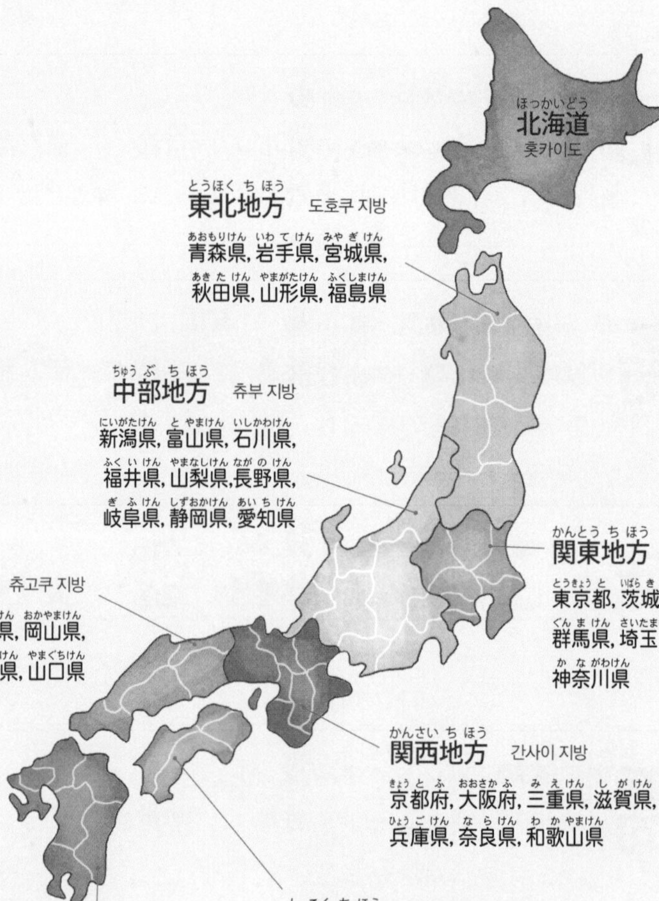

한자 암기 동영상을 보면서 복습하세요

Tip 왕초보 필수 한자어

世話	せわ	신세, 돌봄, 폐
外国人	がいこくじん	외국인
治す	なお	고치다, 치료하다
治る	なお	낫다, 치료되다
政治	せいじ	정치
利口	りこう	영리함
対策	たいさく	대책
地理	ちり	지리
無理	むり	무리
理由	りゆう	이유
公開	こうかい	공개
投げる	な	던지다
地名	ちめい	지명
土地	とち	토지
地面	じめん	지면

地震	じしん	지진
区域	くいき	구역
県	けん	현
市場	いちば	시장
都市	とし	도시
市役所	しやくしょ	시청
区役所	くやくしょ	구청
町角	まちかど	길모퉁이
農村	のうそん	농촌
首都	しゅと	수도
都合	つごう	사정, 경우, 형편
島	しま	섬
空港	くうこう	공항
歩道橋	ほどうきょう	육교
駅員	えきいん	역무원

연습문제

1 한자를 바르게 읽은 것을 고르세요.

1 外国人 ①かいこくじん ②がいこくにん ③がいこくじん ④がいごくにん

2 政治 ①せいじ ②せいち ③しょうじ ④しょうち

3 歴史 ①れきしゃ ②れきし ③りきし ④りきじ

4 地域 ①ちいき ②じいき ③ちえき ④じえき

5 歩道橋 ①ほとうきょう ②ほどうきょう ③ほうとうはし ④ほうどうばし

2 알맞은 한자를 고르세요.

1 くうこう ①功港 ②空港 ③功航 ④空航

2 しま ①鳥 ②烏 ③島 ④馬

3 のうそん ①農村 ②濃村 ③農町 ④濃町

4 せわ ①世辞 ②世界 ③世話 ④面倒

5 えきいん ①訳員 ②役員 ③役所 ④駅員

3 일본어 한자를 바르게 써 보세요.

1 구청 ____________ 2 시장 ____________

3 대책 ____________ 4 무리 ____________

5 토지 ____________ 6 이유 ____________

1 1.③ 2.① 3.② 4.① 5.② **2** 1.② 2.③ 3.① 4.③ 5.④ **3** 1.区役所(くやくしょ) 2.市場(いちば) 3.対策(たいさく) 4.無理(むり) 5.土地(とち) 6.理由(りゆう)

Day 23

공부 순서 □ 한자 학습 ➡ □ 왕초보 필수 한자어 ➡ □ 연습문제 ➡ □ 한자 암기 동영상

법·범죄·파괴

MP3를 들어보세요

けいさつ
警察 경찰

きんし
禁止 금지

ひがい
被害 피해

しっぱい
失敗 실패

688 **法** ★

법 **법**

음독 ほう

法(ほう) 법 | 法律(ほうりつ) 법률 | 悪法(あくほう) 악법 | 方法(ほうほう) 방법 | 文法(ぶんぽう) 문법

---

689 **犯**

범할 **범**

훈독 おかす

음독 はん

犯(おか)す 저지르다, 어기다 예 罪(つみ)を犯(おか)す 죄를 짓다

犯行(はんこう) 범행 | 犯人(はんにん) 범인 | 防犯(ぼうはん) 방범

---

690 **罪** ★

허물 **죄**

훈독 つみ

음독 ざい

罪(つみ) 죄

罪悪感(ざいあくかん) 죄악감 | 犯罪(はんざい) 범죄 | 無罪(むざい) 무죄

---

691 **規**

법 **규**

음독 き

規則(きそく) 규칙 | 規範(きはん) 규범 | 規模(きぼ) 규모 | 規律(きりつ) 규율

---

692 **制**

절제할 **제**

음독 せい

制限(せいげん) 제한 | 制度(せいど) 제도 | 制覇(せいは) 제패 | 規制(きせい) 규제

---

693 **禁** ★

금할 **금**

음독 きん

禁煙(きんえん) 금연 | 禁止(きんし) 금지 | 禁(きん)じる 금하다

예 立(た)ち入(い)り禁止(きんし) 출입 금지

使用(しよう)を禁(きん)じる 사용을 금하다

---

694 **警** ★

경계할 **경**

음독 けい

警察(けいさつ) 경찰 | 警察官(けいさつかん) 경찰관 | 警備(けいび) 경비 | 警報(けいほう) 경보

695 **検** 검사할 **검**

□ □ □

음독 けん

検事(けんじ) 검사(사법) | **検出**(けんしゅつ) 검출 | **点検**(てんけん) 점검 | **探検**(たんけん) 탐험

---

696 **査** 조사할 **사**

□ □ □

음독 さ

検査(けんさ) 검사 | **審査**(しんさ) 심사 | **調査**(ちょうさ) 조사

---

697 **証** 증거 **증**

□ □ □

훈독 あかし

음독 しょう

証(あかし) 증명, 증표

証拠(しょうこ) 증거 | **証明**(しょうめい) 증명 | **保証人**(ほしょうにん) 보증인

---

698 **被** 입을 **피**

□ □ □

훈독 かぶる

음독 ひ

被る(かぶる) 뒤집어쓰다 예 帽子(ぼうし)を被る(かぶる) 모자를 쓰다

被害(ひがい) 피해 | **被告**(ひこく) 피고

---

699 **害** 해할 **해**

□ □ □

음독 がい

害する(がいする) 해치다 | **加害者**(かがいしゃ) 가해자 | **被害**(ひがい) 피해

예 健康(けんこう)を害する(がいする) 건강을 해치다

---

700 **件** 물건 **건**

□ □ □

음독 けん

件(けん) 건 | **事件**(じけん) 사건 | **条件**(じょうけん) 조건 | **用件**(ようけん) 용건

---

701 **盗** ★ 훔칠 **도**

□ □ □

훈독 ぬすむ

음독 とう

盗む(ぬすむ) 훔치다 예 他人(たにん)の物(もの)を盗む(ぬすむ) 남의 물건을 훔치다

盗作(とうさく) 표절 | **盗難**(とうなん) 도난 | **強盗**(ごうとう) 강도

702 □ □ □

殺

죽일 **살**

훈독 ころす
음독 さつ

殺(ころ)す 죽이다 예 息(いき)を殺(ころ)す 숨을 죽이다
殺意(さつい) 살의 | **殺人(さつじん)** 살인 | **殺菌(さっきん)** 살균

---

703 ★ □ □ □

違

어긋날 **위**

훈독 ちがう
음독 い

違(ちが)う 다르다, 틀리다 예 性格(せいかく)が違(ちが)う 성격이 다르다
違反(いはん) 위반 | **違法(いほう)** 위법 | **違和感(いわかん)** 위화감

---

704 ★ □ □ □

戦

싸울 **전**

훈독 たたかう
음독 せん

戦(たたか)う 싸우다 예 敵(てき)と戦(たたか)う 적과 싸우다
戦争(せんそう) 전쟁 | **戦略(せんりゃく)** 전략 | **作戦(さくせん)** 작전

---

705 □ □ □

破

깨뜨릴 **파**

훈독 やぶる
やぶれる
음독 は

破(やぶ)る 찢다, 깨다 예 壁(かべ)を破(やぶ)る 벽을 부수다
破(やぶ)れる 찢어지다, 깨지다 예 紙(かみ)が破(やぶ)れる 종이가 찢어지다
破産(はさん) 파산 | **破片(はへん)** 파편 | **突破(とっぱ)** 돌파

---

706 ★ □ □ □

壊

무너질 **괴**

훈독 こわす
こわれる
음독 かい

壊(こわ)す 부수다, 망가뜨리다 예 窓(まど)を壊(こわ)す 창문을 깨다
壊(こわ)れる 부서지다, 망가지다
예 ケータイが壊(こわ)れる 휴대폰이 고장 나다
破壊(はかい) 파괴 | **崩壊(ほうかい)** 붕괴

---

707 □ □ □

軍

군사 **군**

음독 ぐん

軍人(ぐんじん) 군인 | **軍隊(ぐんたい)** 군대 | **将軍(しょうぐん)** 장군

---

708 ★ □ □ □

敗

패할 **패**

훈독 やぶれる
음독 はい

敗(やぶ)れる 패하다, 지다 예 決勝戦(けっしょうせん)で敗(やぶ)れる 결승전에서 지다
敗北(はいぼく) 패배 | **勝敗(しょうはい)** 승패 | **失敗(しっぱい)** 실패

▶ '찢어지다', '깨지다'라는 뜻의 破れる(やぶれる)와 구분해서 알아 두세요.

Tip 왕초보 필수 한자어

한자 암기 동영상을 보면서 복습하세요

法律(ほうりつ)	법률
方法(ほうほう)	방법
犯人(はんにん)	범인
罪(つみ)	죄
規則(きそく)	규칙
制度(せいど)	제도
禁煙(きんえん)	금연
禁止(きんし)	금지
警察(けいさつ)	경찰
検査(けんさ)	검사
調査(ちょうさ)	조사
証明(しょうめい)	증명
被る(かぶる)	뒤집어쓰다
被害(ひがい)	피해
事件(じけん)	사건
条件(じょうけん)	조건
用件(ようけん)	용건
違う(ちがう)	다르다, 틀리다
違反(いはん)	위반
破れる(やぶれる)	찢어지다, 깨지다
壊れる(こわれる)	부서지다, 망가지다
失敗(しっぱい)	실패

연습문제

1 한자를 바르게 읽은 것을 고르세요.

1 法律　①ほうほう　②ほほう　③ほりつ　④ほうりつ

2 規則　①きせい　②ぎせい　③きそく　④きはん

3 禁煙　①きつえん　②きんえん　③きんし　④せんそう

4 条件　①じょけん　②じょげん　③じょうけん　④じょうげん

5 調査　①けんさ　②げんじ　③ちょさ　④ちょうさ

2 알맞은 한자를 고르세요.

1 しっぱい　①敗北　②勝敗　③失北　④失敗

2 ひがい　①加害　②被害　③無罪　④有罪

3 しょうめい　①保証　②証明　③証拠　④発明

4 いはん　①反対　②違法　③違反　④破壊

5 せいど　①制島　②制度　③第度　④諸島

3 일본어 한자를 바르게 써 보세요.

1 죄 ____________　2 범인 ____________

3 사건 ____________　4 용건 ____________

5 방법 ____________　6 전쟁 ____________

1 1.④ 2.③ 3.② 4.③ 5.④　**2** 1.④ 2.② 3.② 4.③ 5.②　**3** 1.罪(つみ) 2.犯人(はんにん) 3.事件(じけん) 4.用件(ようけん) 5.方法(ほうほう) 6.戦争(せんそう)

Day 24

공부 순서 □ 한자 학습 ➡ □ 왕초보 필수 한자어 ➡ □ 연습문제 ➡ □ 한자 암기 동영상

경제·문화·예술

MP3를 들어보세요

絵(え)を描(か)く 그림을 그리다

歌(うた)を歌(うた)う 노래를 부르다

映画(えいが)を見(み)る 영화를 보다

収入(しゅうにゅう)が伸(の)びる 수입이 늘다

709 ☐ ☐ ☐

経 ★ 지날 **경**

훈독 へる / たつ
음독 けい

経(へ)る 지나다, 거치다 예 山(やま)を経(へ)ていく 산을 지나가다
経(た)つ (시간이) 지나다, 경과하다 예 時間(じかん)が経(た)つ 시간이 경과하다
経営(けいえい) 경영 | **経験(けいけん)** 경험 | **経歴(けいれき)** 경력

---

710 ☐ ☐ ☐

済 ★ 건널 **제**

훈독 すむ / すます
음독 さい

済(す)む 끝나다, 해결되다 예 気(き)が済(す)む 직성이 풀리다
済(す)ます 끝내다, 해결하다 예 金(かね)で済(す)ます 돈으로 해결하다
救済(きゅうさい) 구제 | **返済(へんさい)** (빌린 돈을) 갚음 | **経済(けいざい)** 경제

---

711 ☐ ☐ ☐

財 ★ 재물 **재**

음독 さい / ざい

財布(さいふ) 지갑
財産(ざいさん) 재산 | **財政(ざいせい)** 재정 | **財力(ざいりょく)** 재력

---

712 ☐ ☐ ☐

資 재물 **자**

음독 し

資格(しかく) 자격 | **資産(しさん)** 자산 | **資料(しりょう)** 자료 | **投資(とうし)** 투자

---

713 ☐ ☐ ☐

貧 ★ 가난할 **빈**

훈독 まずしい
음독 ひん / びん

貧(まず)しい 가난하다
貧血(ひんけつ) 빈혈 | **貧困(ひんこん)** 빈곤
貧乏(びんぼう) 가난함

---

714 ☐ ☐ ☐

豊 풍년 **풍**

훈독 ゆたか
음독 ほう

豊(ゆた)か 풍요로움 예 豊(ゆた)かな生活(せいかつ) 풍족한 생활
豊作(ほうさく) 풍작 | **豊富(ほうふ)** 풍부

---

715 ☐ ☐ ☐

富 부유할 **부**

훈독 とむ
음독 ふ

富(と)む 풍부하다 예 富(と)んだ家(いえ) 부유한 집
富士山(ふじさん) 후지산 | **豊富(ほうふ)** 풍부 | **貧富(ひんぷ)** 빈부

716 **得** ★ 얻을 득

훈독 える
음독 とく

得(え)る 얻다 예 利益(りえき)を得(え)る 이익을 얻다
得意(とくい) 장기, 잘하는 것 | 所得(しょとく) 소득 | 納得(なっとく) 납득

717 **損** 덜 손

훈독 そこなう
음독 そん

損(そこ)なう 부수다, 상하게 하다 예 器物(きぶつ)を損(そこ)なう 기물을 부수다
損害(そんがい) 손해 | 損傷(そんしょう) 손상 | 損(そん)する 손해를 보다
예 千円損(せんえんそん)する 천 엔 손해 보다

718 **益** 더할 익

음독 えき

損益(そんえき) 손익 | 利益(りえき) 이익 | 有益(ゆうえき) 유익

719 **収** 거둘 수

훈독 おさめる
おさまる
음독 しゅう

収(おさ)める 거두다, 손에 넣다 예 成功(せいこう)を収(おさ)める 성공을 거두다
収(おさ)まる 수습되다, 가라앉다 예 争(あらそ)いが収(おさ)まる 분쟁이 수습되다
収集(しゅうしゅう) 수집 | 収入(しゅうにゅう) 수입 | 領収書(りょうしゅうしょ) 영수증

720 **伸** 펼 신

훈독 のばす
のびる
음독 しん

伸(の)ばす 늘리다, 펴다 예 背(せ)を伸(の)ばす 기지개를 켜다
伸(の)びる 늘다, 자라다 예 収入(しゅうにゅう)が伸(の)びる 수입이 늘다
伸長(しんちょう) 신장 | 追伸(ついしん) 추신

721 **払** 떨칠 불

훈독 はらう
음독 ふつ

払(はら)う 털어내다, 지불하다 | 支払(しはら)う 지불하다 |
後払(あとばら)い 후불 | 月払(つきばら)い 월 할부, 월부
払拭(ふっしょく) 불식

722 **費** ★ 쓸 비

훈독 ついやす
음독 ひ

費(つい)やす 소비하다, 쓰다
예 全財産(ぜんざいさん)を費(つい)やす 전 재산을 써 버리다
費用(ひよう) 비용 | 消費(しょうひ) 소비 | 生活費(せいかつひ) 생활비

723 文 글월 문
훈독 ふみ
음독 ぶん / もん

文(ふみ) 글, 문서(주로 문장체에서 사용)
文書(ぶんしょ) 문서 | 文法(ぶんぽう) 문법 | 文明(ぶんめい) 문명
天文台(てんもんだい) 천문대
예외 文字(もじ) 글자, 문자

724 化 될 화
훈독 ばける
음독 か / け

化(ば)ける 둔갑하다, 모습이 바뀌다
예 きつねが女(おんな)に化(ば)ける 여우가 여자로 둔갑하다
化学(かがく) 화학 | 文化(ぶんか) 문화 | 変化(へんか) 변화
化粧(けしょう) 화장

725 芸 재주 예
음독 げい

芸能人(げいのうじん) 연예인 | 工芸(こうげい) 공예 | 文芸(ぶんげい) 문예

726 術 ★ 재주 술
음독 じゅつ

芸術(げいじゅつ) 예술 | 手術(しゅじゅつ) 수술 | 美術(びじゅつ) 미술

727 演 펼 연
음독 えん

演劇(えんげき) 연극 | 演説(えんぜつ) 연설 | 演奏(えんそう) 연주

728 技 재주 기
훈독 わざ
음독 ぎ

技(わざ) 기술, 기예
技術(ぎじゅつ) 기술 | 演技(えんぎ) 연기 | 競技(きょうぎ) 경기

729 画 ★ 그림 화 / 그을 획
음독 が / かく

画家(がか) 화가 | 画用紙(がようし) 도화지 | 漫画(まんが) 만화
計画(けいかく) 계획

730 **映** ★

비칠 영

훈독 うつる / うつす / はえる
음독 えい

映(うつ)る 비치다 예 目(め)に映(うつ)る 눈에 비치다

映(うつ)す 비추다

예 スクリーンに映(うつ)した画像(がぞう) 스크린에 비춘 영상

映(は)える 빛나다 예 夕日(ゆうひ)に映(は)える 석양에 비치다

映画(えいが) 영화 | **映像(えいぞう)** 영상 | **上映(じょうえい)** 상영 | **反映(はんえい)** 반영

▶うつる 동음이의어의 뜻을 구분해서 알아두세요.

写る 속이 비쳐 보이다, 찍히다 / 移る 옮기다, 이동하다

---

731 **図** ★

그림 도

훈독 はかる
음독 ず / と

図(はか)る 도모하다, 꾀하다 예 公益(こうえき)を図(はか)る 공익을 도모하다

図案(ずあん) 도안 | **合図(あいず)** 신호 | **地図(ちず)** 지도

意図(いと) 의도

---

732 **絵**

그림 회

음독 え / かい

絵(え) 그림 | **絵葉書(えはがき)** 그림엽서

絵画(かいが) 회화

---

733 **描**

그릴 묘

훈독 かく
음독 びょう

描(か)く 그리다 예 絵(え)を描(か)く 그림을 그리다

描写(びょうしゃ) 묘사

---

734 **歌** ★

노래 가

훈독 うた / うたう
음독 か

歌(うた) 노래 | **歌声(うたごえ)** 노랫소리

歌(うた)う 노래하다

歌手(かしゅ) 가수 | **校歌(こうか)** 교가 | **国歌(こっか)** 국가

---

735 **曲**

굽을 곡

훈독 まげる / まがる
음독 きょく

曲(ま)げる 구부리다, 굽히다 예 腕(うで)を曲(ま)げる 팔을 굽히다

曲(ま)がる 구부러지다, 돌다 예 右(みぎ)に曲(ま)がる 오른쪽으로 돌다

曲(きょく) 곡 | **曲線(きょくせん)** 곡선 | **作曲(さっきょく)** 작곡

Tip 왕초보 필수 한자어

한자 암기 동영상을 보면서 복습하세요

けいけん	経験	경험
す	済む	끝나다, 해결되다
けいざい	経済	경제
さい ふ	財布	지갑
し りょう	資料	자료
とく い	得意	장기, 잘하는 것
ひ よう	費用	비용
しょう ひ	消費	소비
ぶんぽう	文法	문법
ぶんしょ	文書	문서
も じ	文字	글자, 문자
け しょう	化粧	화장
げいじゅつ	芸術	예술
しゅじゅつ	手術	수술
えんげき	演劇	연극
ぎ じゅつ	技術	기술
が か	画家	화가
まん が	漫画	만화
はか	図る	도모하다, 꾀하다
ち ず	地図	지도
かい が	絵画	회화
え か	絵を描く	그림을 그리다
ま	曲げる	구부리다, 굽히다
きょく	曲	곡

연습문제

1 한자를 바르게 읽은 것을 고르세요.

1 收入	① しゅにゅ	② しゅうにゅ	③ しゅにゅう	④ しゅうにゅう
2 消費	① しょひ	② しょび	③ しょうひ	④ しょうび
3 芸術	① けいしゅつ	② げいしゅつ	③ けいじゅつ	④ げいじゅつ
4 絵画	① かいか	② かいが	③ がいか	④ がいが
5 作曲	① さくきょく	② さくこく	③ さっきょく	④ さっこく

2 알맞은 한자를 고르세요.

1 ちず	① 図案	② 意図	③ 地図	④ 合図
2 もじ	① 文字	② 文書	③ 文法	④ 言葉
3 けいざい	① 経験	② 経歴	③ 経済	④ 返済
4 しりょう	① 費用	② 化粧	③ 手術	④ 資料
5 さいふ	① 財包	② 財布	③ 財帯	④ 財富

3 일본어 한자를 바르게 써 보세요.

1 그림 ________________　　2 화가 ________________

3 노래 ________________　　4 문화 ________________

5 생활비 ________________　　6 비용 ________________

1 1. ④ 2. ③ 3. ④ 4. ② 5. ③　**2** 1. ③ 2. ① 3. ③ 4. ④ 5. ②　**3** 1. 絵(え) 2. 画家(がか) 3. 歌(うた) 4. 文化(ぶんか) 5. 生活費(せいかつひ) 6. 費用(ひよう)

Day 25

공부 순서 □ 한자 학습 ➡ □ 왕초보 필수 한자어 ➡ □ 연습문제 ➡ □ 한자 암기 동영상

말·서적

MP3를 들어보세요

話(はな)す 이야기하다

本(ほん)を読(よ)む 책을 읽다

タクシーを呼(よ)ぶ 택시를 부르다

名前(なまえ)を呼(よ)ぶ 이름을 부르다

736 **言** ★ 말씀 언

- 훈독: いう / こと
- 음독: げん

言(い)う 말하다 | 言(い)い方(かた) 말씨, 말투
言葉(ことば) 말, 언어
言語(げんご) 언어 | 言行(げんこう) 언행 | 言動(げんどう) 언동

737 **語** 말씀 어

- 훈독: かたる
- 음독: ご

語(かた)る 말하다 | 語(かた)り手(て) 말하는 사람 | 物語(ものがたり) 이야기
外来語(がいらいご) 외래어 | 国語(こくご) 국어 | 単語(たんご) 단어

738 **話** ★ 말씀 화

- 훈독: はなす
- 음독: わ

話(はな)す 이야기하다 | 話(はなし) 말 | 立(た)ち話(ばなし) 서서 이야기함
話題(わだい) 화제 | 会話(かいわ) 회화 | 電話(でんわ) 전화 | 童話(どうわ) 동화

739 **伝** ★ 전할 전

- 훈독: つたえる / つたわる
- 음독: でん

伝(つた)える 전하다 예 口(くち)で伝(つた)える 말로 전하다
伝(つた)わる 전해지다
伝説(でんせつ) 전설 | 伝統(でんとう) 전통 | 遺伝子(いでんし) 유전자 | 宣伝(せんでん) 선전

740 **漢** 한나라 한

- 음독: かん

漢字(かんじ) 한자 | 漢文(かんぶん) 한문 | 漢方薬(かんぽうやく) 한약

741 **字** 글자 자

- 음독: じ

字(じ) 글씨, 글자, 문자 | 数字(すうじ) 숫자 | 文字(もじ) 글자, 문자

742 **書** ★ 글 서

- 훈독: かく
- 음독: しょ

書(か)く 쓰다 | 書(か)き方(かた) 쓰는 법 | 書(か)き取(と)り 받아쓰기 |
葉書(はがき) 엽서
教科書(きょうかしょ) 교과서 | 辞書(じしょ) 사전 | 図書館(としょかん) 도서관

743 □□□

本 ★

근본 본

훈독 もと

음독 ほん

本(もと) 처음, 근원 | 大本(おおもと) 근본

本(ほん) 책 | 本当(ほんとう) 정말, 진실 | 本人(ほんにん) 본인 | 本物(ほんもの) 진짜 |

見本(みほん) 견본

744 □□□

読 ★

읽을 독

훈독 よむ

음독 どく / とく / とう

読(よ)む 읽다 | 読(よ)み方(かた) 읽는 법

読書(どくしょ) 독서

読本(とくほん) 독본

読点(とうてん) 쉼표(、)

745 □□□

印

도장 인

훈독 しるし

음독 いん

印(しるし) 표, 기호 | 目印(めじるし) 표시, 안표 | 矢印(やじるし) 화살표

印鑑(いんかん) 인감 | 印刷(いんさつ) 인쇄 | 印象(いんしょう) 인상

746 □□□

詩

시 시

음독 し

詩(し) 시 | 詩集(ししゅう) 시집 | 詩人(しじん) 시인

747 □□□

誌

기록할 지

음독 し

雑誌(ざっし) 잡지 | 週刊誌(しゅうかんし) 주간지

748 □□□

章

글 장

음독 しょう

文章(ぶんしょう) 문장 | 第一章(だいいっしょう) 제1장 | 腕章(わんしょう) 완장

749 □□□

句

글귀 구

음독 く

句(く) 구 | 慣用句(かんようく) 관용구 | 文句(もんく) 불평, 불만 | 俳句(はいく) 하이쿠

▶俳句는 일본 특유의 시로, 5·7·5의 3구 17자로 된 짧은 시입니다.

750 **筆** ★
붓 필
훈독 ふで
음독 ひつ

筆(ふで) 붓 | 筆箱(ふでばこ) 필통
筆記(ひっき) 필기 | 筆者(ひっしゃ) 필자 | 鉛筆(えんぴつ) 연필

751 **記** ★
기록할 기
훈독 しるす
음독 き

記す(しる) 적다, 기록하다
記憶(きおく) 기억 | 記者(きしゃ) 기자 | 記念(きねん) 기념

752 **録** ★
기록할 록
음독 ろく

録画(ろくが) 녹화 | 記録(きろく) 기록 | 登録(とうろく) 등록

753 **冊**
책 책
음독 さつ

~冊(さつ) ~권(책을 세는 단위) | 冊子(さっし) 책자
예 一冊(いっさつ), 二冊(にさつ), 三冊(さんさつ), 四冊(よんさつ), 五冊(ごさつ), 六冊(ろくさつ), 七冊(ななさつ), 八冊(はっさつ), 九冊(きゅうさつ), 十冊(じゅっさつ)

754 **枚**
낱 매
음독 まい

~枚(まい) ~장(종이 등을 세는 단위) | 一枚(いちまい) 한 장 | 枚数(まいすう) 매수
예 一枚(いちまい), 二枚(にまい), 三枚(さんまい), 四枚(よんまい), 五枚(ごまい), 六枚(ろくまい), 七枚(ななまい), 八枚(はちまい), 九枚(きゅうまい), 十枚(じゅうまい)

755 **辞** ★
말씀 사
훈독 やめる
음독 じ

辞める(や) 그만두다, 사직하다
예 会社(かいしゃ)を辞(や)める 회사를 그만두다
辞書(じしょ) 사전 | 辞退(じたい) 사퇴 | お世辞(せじ) 겉치레 말, 입에 발린 말

756 **典**
법 전
음독 てん

典型(てんけい) 전형 | 古典(こてん) 고전 | 辞典(じてん) 사전

757 **訳**

훈독 わけ
음독 やく

번역할 역

訳(わけ) 이유, 사정 | 言(い)い訳(わけ) 변명, 핑계
訳(やく)す 번역하다 | 通訳(つうやく) 통역 | 翻訳(ほんやく) 번역

758 **報**

훈독 むくいる
음독 ほう

갚을 보

報(むく)いる 보답하다, 보복하다 예 恩(おん)に報(むく)いる 은혜에 보답하다
報道(ほうどう) 보도 | 通報(つうほう) 통보 | 予報(よほう) 예보

759 **告** ★

훈독 つげる
음독 こく

고할 고

告(つ)げる 알리다, 고하다 예 別(わか)れを告(つ)げる 이별을 고하다
告白(こくはく) 고백 | 忠告(ちゅうこく) 충고 | 報告(ほうこく) 보고

760 **議** ★

음독 ぎ

의논할 의

会議(かいぎ) 회의 | 国会議員(こっかいぎいん) 국회의원 | 不思議(ふしぎ) 이상함, 희한함

761 **論**

음독 ろん

논할 론

論文(ろんぶん) 논문 | 議論(ぎろん) 의논 | 討論(とうろん) 토론

762 **呼** ★

훈독 よぶ
음독 こ

부를 호

呼(よ)ぶ 부르다 예 名前(なまえ)を呼(よ)ぶ 이름을 부르다
呼吸(こきゅう) 호흡 | 歓呼(かんこ) 환호

Tip 왕초보 필수 한자어

한자 암기 동영상을 보면서 복습하세요

い	言う	말하다
ものがたり	物語	이야기
たんご	単語	단어
かいわ	会話	회화
せんでん	宣伝	선전
かんじ	漢字	한자
としょかん	図書館	도서관
じしょ	辞書	사전
ほんもの	本物	진짜
どくしょ	読書	독서
しじん	詩人	시인
ざっし	雑誌	잡지
もんく	文句	불평, 불만
ふでばこ	筆箱	필통
えんぴつ	鉛筆	연필
きしゃ	記者	기자
きねん	記念	기념
ろくが	録画	녹화
きろく	記録	기록
とうろく	登録	등록
さつ	~冊	~권(책을 세는 단위)
まい	~枚	~장(종이 등을 세는 단위)
や	辞める	그만두다, 사직하다
つうやく	通訳	통역
ほんやく	翻訳	번역
よほう	予報	예보
ほうこく	報告	보고
かいぎ	会議	회의
よ	呼ぶ	부르다

연습문제

1 한자를 바르게 읽은 것을 고르세요.

1 図書館 ①としょかん ②としょうかん ③とうしょかん ④とうしょうかん

2 録画 ①ろくか ②ろくが ③きろく ④ぎろく

3 通訳 ①つうえき ②つうやく ③とうえき ④とうやく

4 雑誌 ①ざつおん ②ざつし ③ざっし ④かんじ

5 報告 ①ほこく ②ほうこく ③よこく ④よほう

2 알맞은 한자를 고르세요.

1 ほんもの ①本当 ②本物 ③偽物 ④物語

2 えんぴつ ①筆箱 ②鉛筆 ③年筆 ④筆記

3 どくしょ ①読書 ②文章 ③詩人 ④読点

4 じしょ ①上司 ②司会 ③辞典 ④辞書

5 もんく ①会議 ②翻訳 ③文法 ④文句

3 일본어 한자를 바르게 써 보세요.

1 단어 ____________ 2 회화 ____________

3 선전 ____________ 4 한자 ____________

5 기록 ____________ 6 고백 ____________

1 1.① 2.② 3.② 4.③ 5.② **2** 1.② 2.② 3.① 4.④ 5.④ **3** 1.単語(たんご) 2.会話(かいわ) 3.宣伝(せんでん) 4.漢字(かんじ) 5.記録(きろく) 6.告白(こくはく)

Day 26

공부 순서 □ 한자 학습 ➡ □ 왕초보 필수 한자어 ➡ □ 연습문제 ➡ □ 한자 암기 동영상

교통·이동

MP3를 들어보세요

横断禁止(おうだんきんし) 횡단 금지

止(と)まれ 멈춤

徐行(じょこう) 서행

通行止(つうこうどめ) 통행 금지

歩行者専用(ほこうしゃせんよう) 보행자 전용

一方通行(いっぽうつうこう) 일방통행

763 **通** ★ 통할 통

훈독 とおる / とおす / かよう
음독 つう

通る(とおる) 통하다, 지나다 | 通り(とおり) 길, 도로 | 通り過ぎる(とおりすぎる) 지나치다

通す(とおす) 통과시키다, 통하게 하다

通う(かよう) 다니다 예 塾(じゅく)に通う(かよう) 학원에 다니다

通行(つうこう) 통행 | 通じる(つうじる) 통하다, 연결하다 | 交通(こうつう) 교통 | 普通(ふつう) 보통

764 **車** ★ 수레 차

훈독 くるま
음독 しゃ

車(くるま) 차 | 歯車(はぐるま) 톱니바퀴

汽車(きしゃ) 기차 | 自転車(じてんしゃ) 자전거 | 自動車(じどうしゃ) 자동차

765 **歩** 걸음 보

훈독 あるく / あゆむ
음독 ほ

歩く(あるく) 걷다 | 一人歩き(ひとりあるき) 혼자 걸음

歩む(あゆむ) 걷다, 전진하다

歩行者(ほこうしゃ) 보행자 | 歩道橋(ほどうきょう) 육교 | 散歩(さんぽ) 산책

▶歩く는 두 다리로 걷는 것을, 歩む는 일의 진행이나 전개를 나타냅니다.

766 **走** ★ 달릴 주

훈독 はしる
음독 そう

走る(はしる) 달리다 | 小走り(こばしり) 종종걸음

走行(そうこう) 주행 | 走者(そうしゃ) 주자 | ご馳走(ちそう) 대접, 맛있는 요리

767 **帰** ★ 돌아갈 귀

훈독 かえる / かえす
음독 き

帰る(かえる) 돌아가다 | 帰り(かえり) 귀가, 돌아오는 길

帰す(かえす) 돌려보내다

예 子供(こども)を一人(ひとり)で帰す(かえす) 아이를 혼자서 돌려보내다

帰国(きこく) 귀국 | 帰宅(きたく) 귀가

768 **移** ★ 옮길 이

훈독 うつす / うつる
음독 い

移す(うつす) 옮기다 예 家(いえ)を移す(うつす) 집을 옮기다

移る(うつる) 이동하다, 바뀌다 예 部署(ぶしょ)が移る(うつる) 부서가 바뀌다

移送(いそう) 이송 | 移動(いどう) 이동 | 移民(いみん) 이민

769 **道** ★ 길 도

- 훈독 みち
- 음독 どう

道(みち) 길 | 道案内(みちあんない) 길 안내 | 片道(かたみち) 편도
道具(どうぐ) 도구 | 道理(どうり) 도리 | 車道(しゃどう) 차도 | 柔道(じゅうどう) 유도

---

770 **渡** ★ 건널 도

- 훈독 わたす / わたる
- 음독 と

渡(わた)す 건네다, 양도하다 예 本(ほん)を渡(わた)す 책을 건네 주다
渡(わた)る 건너다 예 道(みち)を渡(わた)る 길을 건너다
渡来(とらい) 도래 | 譲渡(じょうと) 양도

---

771 **路** 길 로

- 음독 ろ

路地(ろじ) 골목 | 路線(ろせん) 노선 | 進路(しんろ) 진로

---

772 **角** 뿔 각

- 훈독 かど / つの
- 음독 かく

角(かど) 모퉁이
角(つの) 뿔
角度(かくど) 각도 | 三角(さんかく) 삼각 | 四角(しかく) 사각

---

773 **乗** ★ 탈 승

- 훈독 のる / のせる
- 음독 じょう

乗(の)る 타다 | 乗(の)り換(か)える 갈아타다 | 乗(の)り物(もの) 탈것
乗(の)せる 태우다
乗客(じょうきゃく) 승객 | 乗車(じょうしゃ) 승차 | 乗用車(じょうようしゃ) 승용차

---

774 **降** ★ 내릴 강 / 항복할 항

- 훈독 おろす / おりる / ふる
- 음독 こう

降(お)ろす 내려놓다 예 荷物(にもつ)を降(お)ろす 짐을 내려놓다
降(お)りる 내리다 예 バスを降(お)りる 버스에서 내리다
降(ふ)る (비, 눈이) 내리다 예 雨(あめ)が降(ふ)る 비가 내리다
降雨量(こううりょう) 강우량 | 以降(いこう) 이후

---

775 **到** 이를 도

- 훈독 いたる
- 음독 とう

到(いた)る 이르다, 도달하다
到達(とうたつ) 도달 | 到着(とうちゃく) 도착 | 到底(とうてい) 도저히

776 **往** 갈 왕

음독 おう

往復(おうふく) 왕복 | 往来(おうらい) 왕래

777 **復** ★ 회복할 복 / 다시 부

음독 ふく

復習(ふくしゅう) 복습 | 回復(かいふく) 회복 | 復活(ふっかつ) 부활

778 **運** 옮길 운

훈독 はこぶ

음독 うん

運ぶ(はこぶ) 나르다, 운반하다, 옮기다 예 箱(はこ)を運(はこ)ぶ 상자를 나르다

運行(うんこう) 운행 | 運転(うんてん) 운전 | 運動(うんどう) 운동

779 **送** ★ 보낼 송

훈독 おくる

음독 そう

送る(おくる) 보내다 | 見送り(みおくり) 배웅

예 メールを送(おく)る 메일을 보내다

送信(そうしん) 송신 | 送別会(そうべつかい) 송별회 | 運送(うんそう) 운송 | 放送(ほうそう) 방송

780 **配** ★ 나눌 배

훈독 くばる

음독 はい

配る(くばる) 나눠 주다 예 資料(しりょう)を配(くば)る 자료를 나눠 주다

配達(はいたつ) 배달 | 支配(しはい) 지배 | 分配(ぶんぱい) 분배

781 **郵** 우편 우

음독 ゆう

郵送(ゆうそう) 우송 | 郵便(ゆうびん) 우편

782 **便** ★ 편할 편 / 똥오줌 변

훈독 たより

음독 べん / びん

便り(たより) 소식

便利(べんり) 편리 | 便秘(べんぴ) 변비 | 不便(ふべん) 불편

航空便(こうくうびん) 항공편 | 郵便局(ゆうびんきょく) 우체국

783

届

이를 계

훈독 とどける / とどく

届(とど)ける 보내다, 신고하다 예 荷物(にもつ)を届(とど)ける 짐을 보내다

届(とど)く 닿다, 도착하다

784

貿

무역할 무

음독 ぼう

貿易(ぼうえき) 무역

785

輸

보낼 수

음독 ゆ

輸出(ゆしゅつ) 수출 | 輸入(ゆにゅう) 수입

Tip

주요 복합 동사

話(はな)し合(あ)う	서로 이야기하다	通(とお)り過(す)ぎる	지나치다
知(し)り合(あ)う	서로 알다	取(と)り替(か)える	바꾸다, 교환하다
考(かんが)え直(なお)す	다시 생각하다	取(と)り消(け)す	취소하다
着替(きが)える	옷을 갈아입다	出会(であ)う	만나다
申(もう)し込(こ)む	신청하다	出迎(でむか)える	마중하다
書(か)き込(こ)む	써 넣다	聞(き)き取(と)る	알아듣다
数(かぞ)えきれない	다 셀 수 없다	話(はな)しかける	말을 걸다
食(た)べすぎる	과식하다	引(ひ)き受(う)ける	받아들이다
遅(おそ)すぎる	너무 늦다	追(お)い越(こ)す	추월하다
見送(みおく)る	배웅하다	追(お)いつく	따라잡다
見(み)かける	발견하다		

Tip 왕초보 필수 한자어

한자 암기 동영상을
보면서 복습하세요

普通(ふつう)	보통
汽車(きしゃ)	기차
走(はし)る	달리다
移(うつ)す	옮기다
道(みち)	길
渡(わた)す	건네다, 양도하다
路線(ろせん)	노선
角(かど)	모퉁이
乗(の)せる	태우다
降(ふ)る	(비, 눈이) 내리다
到着(とうちゃく)	도착
往復(おうふく)	왕복
運(はこ)ぶ	나르다, 운반하다, 옮기다
運転(うんてん)	운전
送(おく)る	보내다
送別会(そうべつかい)	송별회
配(くば)る	나눠 주다
配達(はいたつ)	배달
便利(べんり)	편리
届(とど)く	닿다, 도착하다
貿易(ぼうえき)	무역
輸出(ゆしゅつ)	수출
輸入(ゆにゅう)	수입

연습문제

1 한자를 바르게 읽은 것을 고르세요.

1	貿易	① ほえき	② ぼえき	③ ほうえき	④ ぼうえき
2	配達	① はいたつ	② ばいたつ	③ はいだつ	④ ばいだつ
3	道	① かど	② とおり	③ みち	④ たより
4	輸出	① ゆしゅつ	② ゆうしゅつ	③ ゆじゅつ	④ しゅじゅつ
5	汽車	① きしゃ	② ぎしゃ	③ れっしゃ	④ れつしゃ

2 알맞은 한자를 고르세요.

1	おうふく	① 住復	② 住腹	③ 往復	④ 往腹
2	とうちゃく	① 道着	② 渡着	③ 到着	④ 路着
3	ゆにゅう	① 牛乳	② 輸入	③ 母乳	④ 郵便
4	とどく	① 行く	② 歩く	③ 着く	④ 届く
5	くばる	① 送る	② 配る	③ 渡る	④ 移る

3 일본어 한자를 바르게 써 보세요.

1 교통 ______________________　　2 모퉁이 ______________________

3 노선 ______________________　　4 편리 ______________________

5 자동차 ______________________　　6 운전 ______________________

1 1. ④ 2. ① 3. ③ 4. ① 5. ①　**2** 1. ③ 2. ③ 3. ② 4. ④ 5. ②　**3** 1. 交通(こうつう) 2. 角(かど) 3. 路線(ろせん) 4. 便利(べんり) 5. 自動車(じどうしゃ) 6. 運転(うんてん)

Day 27

공부 순서 □ 한자 학습 ➡ □ 왕초보 필수 한자어 ➡ □ 연습문제 ➡ □ 한자 암기 동영상

건강·상업

MP3를 들어보세요

痛い(いた) 아프다

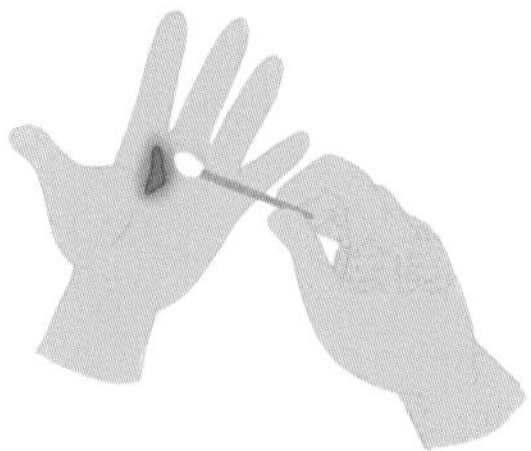

傷(きず) 상처

医者(いしゃ) 의사

薬(くすり) 약

店(みせ) 상점

売る(う) 팔다

786 **健** ★
☐ ☐ ☐
굳셀 건

훈독 すこやか
음독 けん

健(すこ)やか 건강함, 튼튼함
健康(けんこう) 건강 | 健全(けんぜん) 건전 | 保健室(ほけんしつ) 보건실

---

787 **傷**
☐ ☐ ☐
다칠 상

훈독 いためる
いたむ
きず
음독 しょう

傷(いた)める 상하게 하다, 손상시키다
傷(いた)む 상하다, 손상되다
傷(きず) 상처 | 傷口(きずぐち) 상처 입은 자리
傷害(しょうがい) 상해 | 重傷(じゅうしょう) 중상 | 損傷(そんしょう) 손상

---

788 **痛** ★
☐ ☐ ☐
아플 통

훈독 いたい
いたむ
いためる
음독 つう

痛(いた)い 아프다
痛(いた)む 아프다
痛(いた)める 다치다
痛感(つうかん) 통감 | 苦痛(くつう) 고통 | 頭痛(ずつう) 두통

---

789 **病** ★
☐ ☐ ☐
병 병

훈독 やむ
やまい
음독 びょう
へい

病(や)む 병들다
病(やまい) 병
病院(びょういん) 병원 | 病気(びょうき) 병 | 病人(びょうにん) 병자, 환자
疾病(しっぺい) 질병

---

790 **医** ★
☐ ☐ ☐
의원 의

음독 い

医学(いがく) 의학 | 医師(いし) 의사 | 医者(いしゃ) 의사 | 内科医(ないかい) 내과 의사

---

791 **命**
☐ ☐ ☐
목숨 명

훈독 いのち
음독 めい
みょう

命(いのち) 생명, 목숨
命令(めいれい) 명령 | 運命(うんめい) 운명 | 生命(せいめい) 생명
寿命(じゅみょう) 수명

---

792 **救**
☐ ☐ ☐
구원할 구

훈독 すくう
음독 きゅう

救(すく)う 구하다 예 命(いのち)を救(すく)う 생명을 구하다
救急車(きゅうきゅうしゃ) 구급차 | 救済(きゅうさい) 구제 | 救助(きゅうじょ) 구조

793 **薬** ★
약 약

훈독 くすり
음독 やく

薬(くすり) 약 | 薬箱(くすりばこ) 약상자 | 薬屋(くすりや) 약국
薬品(やくひん) 약품 | 火薬(かやく) 화약 | 薬局(やっきょく) 약국

▶薬局는 조제사가 처방전에 따라 약을 조제해 주는 곳이고, 薬屋나 ドラッグストア는 처방전이 필요 없는 약 등을 파는 곳입니다.

---

794 **効**
본받을 효

훈독 きく
음독 こう

効(き)く 듣다, 효력이 있다 예 薬(くすり)がよく効(き)く 약이 잘 듣다
効果(こうか) 효과 | 効率(こうりつ) 효율 | 効力(こうりょく) 효력 | 有効(ゆうこう) 유효

---

795 **息**
쉴 식

훈독 いき
음독 そく

息(いき) 숨, 호흡
休息(きゅうそく) 휴식 | 消息(しょうそく) 소식 | 利息(りそく) 이자
예외 息子(むすこ) 아들

---

796 **吸**
마실 흡

훈독 すう
음독 きゅう

吸(す)う 들이마시다 예 たばこを吸(す)う 담배를 피우다
吸収(きゅうしゅう) 흡수 | 呼吸(こきゅう) 호흡

---

797 **商** ★
장사 상

훈독 あきなう
음독 しょう

商(あきな)う 장사하다, 매매하다
商人(しょうにん) 상인 | 商売(しょうばい) 장사 | 商品券(しょうひんけん) 상품권

---

798 **価** ★
값 가

훈독 あたい
음독 か

価(あたい) 값, 가치
価格(かかく) 가격 | 高価(こうか) 고가 | 物価(ぶっか) 물가

▶価는 생명이나 물건의 가치를, 値는 수학이나 숫자 셈 등에서의 값을 나타냅니다.

---

799 **値**
값 치

훈독 ね
あたい
음독 ち

値(ね) 가격
値(あたい) 값, 수
価値(かち) 가치 | 数値(すうち) 수치

800 ★
店
가게 점

훈독 みせ
음독 てん

店(みせ) 가게 | 店先(みせさき) 가게 앞 | 夜店(よみせ) 야시장
店員(てんいん) 점원 | 喫茶店(きっさてん) 찻집 | 書店(しょてん) 서점 | 本店(ほんてん) 본점

801 ★
売
팔 매

훈독 うる
うれる
음독 ばい

売(う)る 팔다 | 売(う)り場(ば) 매장
売(う)れる 팔리다
売店(ばいてん) 매점 | 商売(しょうばい) 장사 | 発売(はつばい) 발매

802 ★
買
살 매

훈독 かう
음독 ばい

買(か)う 사다 | 買(か)い物(もの) 물건 사기, 쇼핑
購買(こうばい) 구매 | 売買(ばいばい) 매매

803
製
지을 제

음독 せい

製作(せいさく) 제작 | 製造(せいぞう) 제조 | 製品(せいひん) 제품

804
扱
미칠 급

훈독 あつかう

扱(あつか)う 취급하다 | 扱(あつか)い 취급, 다룸
예 製品(せいひん)を扱(あつか)う 제품을 취급하다

805
販
팔 판

음독 はん

販売(はんばい) 판매 | 市販(しはん) 시판

806 ★
客
손 객

음독 かく
きゃく

旅客機(りょかくき) 여객기
お客(きゃく)さん 손님 | 観客(かんきゃく) 관객 | 客観的(きゃっかんてき) 객관적

807 **質** 바탕 질

훈독 たち
음독 しつ / しち

質(たち) 타고난 성질 예 質(たち)の悪(わる)い人(ひと) 질 나쁜 사람
質(しつ) 질 | 質問(しつもん) 질문 | 品質(ひんしつ) 품질
質屋(しちや) 전당포 | 人質(ひとじち) 인질

808 **量** 헤아릴 량

훈독 はかる
음독 りょう

量(はか)る (무게 등을) 재다, 달다 예 体重(たいじゅう)を量(はか)る 체중을 재다
量(りょう) 양 | 減量(げんりょう) 감량 | 大量(たいりょう) 대량

809 **類** ★ 무리 류

음독 るい

類型(るいけい) 유형 | 種類(しゅるい) 종류 | 分類(ぶんるい) 분류

810 **何** 어찌 하

훈독 なに / なん
음독 か

何(なに) 무엇 | 何(なに)か 뭔가 | 何(なに)も 아무것도
何時(なんじ) 몇 시 | 何(なん)で 어째서, 왜
幾何学(きかがく) 기하학

Tip

아픈 증상 표현

具合(ぐあい)が悪(わる)い	몸이 안 좋다
頭(あたま)が痛(いた)い	머리가 아프다
お腹(なか)が痛(いた)い	배가 아프다
熱(ねつ)が出(で)る	열이 나다
咳(せき)が出(で)る	기침이 나오다
鼻水(はなみず)が出(で)る	콧물이 나오다
風邪(かぜ)を引(ひ)く	감기에 걸리다
めまいがする	어지럽다, 현기증이 나다
吐(は)き気(け)がする	구역질이 나다, 토할 것 같다
けがをする	상처를 입다, 다치다
ねんざする	관절을 삐다

Tip 왕초보 필수 한자어

한자 암기 동영상을 보면서 복습하세요

健康(けんこう)	건강
頭痛(ずつう)	두통
病気(びょうき)	병
命(いのち)	생명, 목숨
命令(めいれい)	명령
寿命(じゅみょう)	수명
救(すく)う	구하다
救急車(きゅうきゅうしゃ)	구급차
薬(くすり)	약
薬局(やっきょく)	약국
息(いき)	숨, 호흡
たばこを吸(す)う	담배를 피우다
呼吸(こきゅう)	호흡
商売(しょうばい)	장사
価値(かち)	가치
店(みせ)	가게
喫茶店(きっさてん)	찻집
製品(せいひん)	제품
扱(あつか)う	취급하다
販売(はんばい)	판매
観客(かんきゃく)	관객
質(しつ)と量(りょう)	질과 양
品質(ひんしつ)	품질
質問(しつもん)	질문
量(はか)る	(무게 등을) 재다, 달다
何(なに)	무엇

연습문제

1 한자를 바르게 읽은 것을 고르세요.

1 健康　①けんこう　②けんごう　③げんこう　④げんごう

2 命令　①めれい　②めいれ　③めいれい　④めいりょ

3 呼吸　①こきゅう　②ごきゅう　③こうきゅ　④ごうきゅう

4 扱う　①すう　②かう　③つかう　④あつかう

5 救急車　①きゅきゅしゃ　②きゅきゅうしゃ　③きゅうきゅしゃ　④きゅうきゅうしゃ

2 알맞은 한자를 고르세요.

1 せいひん　①商品　②商売　③販売　④製品

2 いのち　①楽　②命　③薬　④病

3 しつもん　①質門　②問題　③質問　④質聞

4 かんきゃく　①顧客　②旅客　③館客　④観客

5 びょうき　①病院　②病気　③医者　④医師

3 일본어 한자를 바르게 써 보세요.

1 가게 ________________　2 무엇 ________________

3 손님 ________________　4 병원 ________________

5 약 ________________　6 품질 ________________

1 1.① 2.③ 3.① 4.④ 5.④　**2** 1.④ 2.② 3.③ 4.④ 5.②　**3** 1.店(みせ) 2.何(なに) 3.お客(きゃく)さん 4.病院(びょういん) 5.薬(くすり) 6.品質(ひんしつ)

Day 28

공부 순서 □ 한자 학습 ➡ □ 왕초보 필수 한자어 ➡ □ 연습문제 ➡ □ 한자 암기 동영상

MP3를 들어보세요

범위·정도

さいこう
最高 최고

はんぶん
半分 절반

に ばい
2倍 2배

おん ど
温度 온도

そく ど
速度 속도

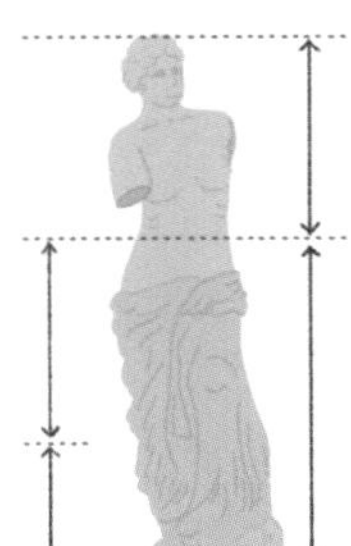

わりあい
割合 비율

811 **範** ★ 법 **범**

음독 はん

範囲(はんい) 범위 | 規範(きはん) 규범 | 模範(もはん) 모범

---

812 **囲** 둘레 **위**

훈독 かこむ
음독 い

囲(かこ)む 둘러싸다 예 山(やま)に囲(かこ)まれる 산으로 둘러싸이다
囲碁(いご) 바둑 | 周囲(しゅうい) 주위 | 包囲(ほうい) 포위

---

813 **広** ★ 넓을 **광**

훈독 ひろい
ひろまる
ひろめる
ひろがる
ひろげる
음독 こう

広(ひろ)い 넓다 | 広場(ひろば) 광장 | 広々(ひろびろ) 널찍한 | 背広(せびろ) 양복
広(ひろ)まる 넓어지다 예 火事(かじ)が広(ひろ)まる 화재가 번지다
広(ひろ)める 넓히다 예 視野(しや)を広(ひろ)める 시야를 넓히다
広(ひろ)がる 퍼지다 예 うわさが広(ひろ)がる 소문이 퍼지다
広(ひろ)げる 펼치다 예 羽(はね)を広(ひろ)げる 날개를 펼치다
広告(こうこく) 광고 | 広大(こうだい) 광대 | 広野(こうや) 광야

---

814 **狭** 좁을 **협**

훈독 せまい
음독 きょう

狭(せま)い 좁다
狭小(きょうしょう) 협소

---

815 **拡** 넓힐 **확**

음독 かく

拡大(かくだい) 확대 | 拡充(かくじゅう) 확충 | 拡張(かくちょう) 확장

---

816 **般** 일반 **반**

음독 はん

般若(はんにゃ) 반야 | 諸般(しょはん) 제반, 여러 가지 | 一般(いっぱん) 일반 |
全般(ぜんぱん) 전반

817 **以** 써 이
음독 い
以下(いか) 이하 | 以外(いがい) 이외 | 以上(いじょう) 이상 | 以内(いない) 이내

818 **割** ★ 벨 할
훈독 わる
割る(わ) 나누다, 깨다 | 割合(わりあい) 비율 | 割り算(わざん) 나눗셈 | 割引(わりびき) 할인
われる
割れる(わ) 깨지다 예 ガラスが割(わ)れる 유리가 깨지다
음독 かつ
分割(ぶんかつ) 분할

819 **合** ★ 합할 합
훈독 あう
合う(あ) 맞다 | 具合(ぐあい) 상태 | 試合(しあい) 시합 | 知り合い(しあ) 아는 사이, 지인
あわせる
合わせる(あ) 맞추다
예 目(め)と目(め)を合(あ)わせる 눈과 눈을 마주치다
음독 ごう
合同(ごうどう) 합동 | 合格(ごうかく) 합격 | 合理(ごうり) 합리
がっ
合唱(がっしょう) 합창
かっ
合戦(かっせん) 싸움

820 **限** 한할 한
훈독 かぎる
限る(かぎ) 제한하다 | ~とは限(かぎ)らない ~라고는 할 수 없다
예 金持(かねも)ちが幸福(こうふく)だとは限(かぎ)らない 부자가 꼭 행복한 건 아니다
음독 げん
限定(げんてい) 한정 | 限度(げんど) 한도 | 期限(きげん) 기한

821 **含** 머금을 함
훈독 ふくめる
含める(ふく) 포함시키다 | ~を含(ふく)めて ~을 포함하여
예 韓国(かんこく)を含(ふく)めて５カ国(ごこく) 한국을 포함해 5개국
ふくむ
含む(ふく) 포함하다 예 笑(わら)いを含(ふく)む 미소를 머금다
음독 がん
含有(がんゆう) 함유

822 **除** ★ 덜 제
훈독 のぞく
除く(のぞ) 제외하다 예 雑草(ざっそう)を除(のぞ)く 잡초를 제거하다
음독 じょ
除去(じょきょ) 제거 | 解除(かいじょ) 해제 | 削除(さくじょ) 삭제
じ
掃除(そうじ) 청소

823 幅 ★
폭 폭
훈독 はば
음독 ふく

幅(はば) 폭 | 幅広い(はばひろい) 폭넓다
幅物(ふくもの) 족자 | 画幅(がふく) 화폭 | 全幅(ぜんぷく) 전폭

824 程
한도 정
훈독 ほど
음독 てい

程(ほど) 정도
程度(ていど) 정도 | 課程(かてい) 과정 | 日程(にってい) 일정

825 度 ★
법도 도
훈독 たび
음독 ど
たく

度重なる(たびかさなる) 거듭되다 | 度々(たびたび) 자주
一度(いちど) 한 번 | 今度(こんど) 이번 | 毎度(まいど) 매번
支度(したく) 준비, 채비

826 最 ★
가장 최
훈독 もっとも
もより
음독 さい

最も(もっとも) 가장, 제일
最寄り(もより) 가장 가까움 예 最寄りの駅(もよりのえき) 가장 가까운 역
最高(さいこう) 최고 | 最近(さいきん) 최근 | 最後(さいご) 최후, 마지막

827 真 ★
참 진
훈독 ま
음독 しん

真面目(まじめ) 진지함, 성실함 | 真っ白(まっしろ) 새하얌 |
真っ直ぐに(まっすぐに) 곧장, 똑바로 | 真冬(まふゆ) 한겨울 |
真ん中(まんなか) 한가운데
真実(しんじつ) 진실 | 真理(しんり) 진리 | 真剣(しんけん) 진지함

828 簡
간략할 간
음독 かん

簡易(かんい) 간이 | 簡潔(かんけつ) 간결 | 簡素(かんそ) 간소

829 単
홑 단
음독 たん

単語(たんご) 단어 | 単独(たんどく) 단독 | 簡単(かんたん) 간단

830 **複** 겹칠 복

음독 ふく

複合(ふくごう) 복합 | 複雑(ふくざつ) 복잡 | 複数(ふくすう) 복수

831 **詳** ★ 자세할 상

훈독 くわしい
음독 しょう

詳(くわ)しい 자세하다
詳細(しょうさい) 상세 | 未詳(みしょう) 미상

832 **普** ★ 넓을 보

음독 ふ

普及(ふきゅう) 보급 | 普通(ふつう) 보통 | 普遍(ふへん) 보편

833 **確** ★ 굳을 확

훈독 たしか / たしかめる
음독 かく

確(たし)か 확실함, 분명함
確(たし)かめる 확인하다
確実(かくじつ) 확실 | 確認(かくにん) 확인 | 明確(めいかく) 명확

834 **率** ★ 거느릴 솔 / 비율 률

훈독 ひきいる
음독 そつ / りつ

率(ひき)いる 거느리다, 인솔하다 예 生徒(せいと)を率(ひき)いる 학생을 인솔하다
軽率(けいそつ) 경솔 | 率先(そっせん) 솔선 | 率直(そっちょく) 솔직
確率(かくりつ) 확률 | 効率(こうりつ) 효율 | 比率(ひりつ) 비율

835 **完** 완전할 완

음독 かん

完成(かんせい) 완성 | 完全(かんぜん) 완전 | 完璧(かんぺき) 완벽

836 **全** 온전할 전

훈독 まったく / すべて
음독 ぜん

全(まった)く 완전히, 정말로
全(すべ)て 전부, 모두
全員(ぜんいん) 전원 | 全国(ぜんこく) 전국 | 全部(ぜんぶ) 전부

837 **半** ★
반 반
훈독 なかば
음독 はん

半ば(なか) 반, 절반 예 四月半ば(しがつなか) 4월 중순
半分(はんぶん) (절)반 | 半年(はんとし) 반 년 | 二時半(にじはん) 2시 반

838 **充**
채울 충
훈독 あてる
음독 じゅう

充てる(あ) 충당하다 예 学費に充てる(がくひ・あ) 학비로 충당하다
充血(じゅうけつ) 충혈 | 充電(じゅうでん) 충전 | 補充(ほじゅう) 보충

839 **加**
더할 가
훈독 くわえる
くわわる
음독 か

加える(くわ) 더하다 예 熱を加える(ねつ・くわ) 열을 가하다
加わる(くわ) 가해지다, 많아지다
예 負担が加わる(ふたん・くわ) 부담이 가해지다
加入(かにゅう) 가입 | 参加(さんか) 참가 | 増加(ぞうか) 증가

840 **約** ★
맺을 약
음독 やく

約(やく) 약, 대략 | 約束(やくそく) 약속 | 契約(けいやく) 계약 | 節約(せつやく) 절약

841 **倍**
곱 배
음독 ばい

~倍(ばい) ~배 | 倍数(ばいすう) 배수
예 一倍(いちばい), 二倍(にばい), 三倍(さんばい), 四倍(よんばい), 五倍(ごばい), 六倍(ろくばい), 七倍(ななばい),
八倍(はちばい), 九倍(きゅうばい), 十倍(じゅうばい)

842 **再**
다시 재
훈독 ふたたび
음독 さい

再び(ふたた) 다시, 재차
再会(さいかい) 재회 | 再婚(さいこん) 재혼 | 再利用(さいりよう) 재사용

843 **温** ★
따뜻할 온
훈독 あたたかい
あたためる
あたたまる
음독 おん

温かい(あたた) 따뜻하다
温める(あたた) 따뜻하게 하다 예 弁当を温める(べんとう・あたた) 도시락을 데우다
温まる(あたた) 따뜻해지다 예 手が温まる(て・あたた) 손이 녹다
温泉(おんせん) 온천 | 温暖(おんだん) 온난 | 温度(おんど) 온도

844 **熱** ★ 더울 열

훈독 あつい
음독 ねつ

熱(あつ)い 뜨겁다
熱(ねつ) 열 | **情熱(じょうねつ)** 정열 | **熱心(ねっしん)** 열심

▶熱い는 물건이나 몸의 온도가 높은 '뜨겁다'라는 뜻이고, 暑い는 기온이 매우 높은 '덥다'라는 뜻입니다.

845 **速** ★ 빠를 속

훈독 はやい / すみやか
음독 そく

速(はや)い 빠르다
速(すみ)やか 빠름, 신속함
速度(そくど) 속도 | **急速(きゅうそく)** 급속 | **早速(さっそく)** 즉시, 재빨리

Tip

동음이의어

あつい	熱い 뜨겁다 暑い 덥다 厚い 두껍다	ちゅうしゃ	駐車 주차 注射 주사
いがい	意外 의외 以外 이외	つとめる	勤める 근무하다, 종사하다 務める (임무 등을) 맡다 努める 노력하다
いし	医師 의사 意志 의지 意思 의사	とる	取る 잡다, 쥐다, 취하다 撮る (사진 등을) 찍다
かいせつ	解説 해설 開設 개설	はやい	速い (속도가) 빠르다 早い (시간이) 이르다

Tip 왕초보 필수 한자어

한자 암기 동영상을 보면서 복습하세요

しゅうい	周囲	주위
ひろ	広い	넓다
ひろ	広がる	퍼지다
こうこく	広告	광고
せま	狭い	좁다
いがい	以外	이외
わ	割る	나누다, 깨다
わりびき	割引	할인
しあい	試合	시합
のぞ	除く	제외하다
はば	幅	폭
ほど	程	정도
にってい	日程	일정
いちど	一度	한 번
さいこう	最高	최고
まなか	真ん中	한가운데
かんたん	簡単	간단
ふくざつ	複雑	복잡
くわ	詳しい	자세하다
たし	確か	확실함, 분명
たし	確かめる	확인하다
かくにん	確認	확인
かんせい	完成	완성
ぜんぶ	全部	전부
ぞうか	増加	증가
せつやく	節約	절약
あたた	温かい	따뜻하다
おんせん	温泉	온천
あつ	熱い	뜨겁다
はや	速い	빠르다
そくど	速度	속도

연습문제

1 한자를 바르게 읽은 것을 고르세요.

1 狭い ① ひろい ② せまい ③ あつい ④ はやい

2 周囲 ① しゅい ② しゅうい ③ はんい ④ ほうい

3 割引 ① わりあい ② わりかん ③ わりざん ④ わいびき

4 広告 ① こうこく ② ごうこく ③ こうごく ④ ほうこく

5 増加 ① そうか ② ぞうか ③ そうが ④ ぞうが

2 알맞은 한자를 고르세요.

1 あたたかい ① 暑かい ② 熱かい ③ 温かい ④ 速かい

2 さいこう ① 最後 ② 最高 ③ 最近 ④ 最初

3 いじょう ① 以上 ② 以下 ③ 似上 ④ 似下

4 はば ① 程 ② 度 ③ 幅 ④ 高

5 ふつう ① 普通 ② 完全 ③ 確実 ④ 確認

3 일본어 한자를 바르게 써 보세요.

1 완성 ____________ 2 온도 ____________

3 (절)반 ____________ 4 약, 대략 ____________

5 한 번 ____________ 6 일정 ____________

1 1. ② 2. ② 3. ④ 4. ① 5. ② **2** 1. ③ 2. ② 3. ① 4. ③ 5. ① **3** 1. 完成(かんせい) 2. 温度(おんど) 3. 半分(はんぶん) 4. 約(やく) 5. 一度(いちど) 6. 日程(にってい)

공부 순서 □ 한자 학습 ➡ □ 왕초보 필수 한자어 ➡ □ 연습문제 ➡ □ 한자 암기 동영상

서로 반대되는 한자 I

MP3를 들어보세요

大(おお)きい 크다	↔	小(ちい)さい 작다
多(おお)い 많다	↔	少(すく)ない 적다
長(なが)い 길다	↔	短(みじか)い 짧다
重(おも)い 무겁다	↔	軽(かる)い 가볍다
強(つよ)い 강하다	↔	弱(よわ)い 약하다
難(むずか)しい 어렵다	↔	易(やさ)しい 쉽다
有(あ)る 있다	↔	無(な)い 없다
遠(とお)い 멀다	↔	近(ちか)い 가깝다
高(たか)い 높다	↔	低(ひく)い 낮다
深(ふか)い 깊다	↔	浅(あさ)い 얕다
新(あたら)しい 새롭다	↔	古(ふる)い 오래되다
早(はや)い 이르다	↔	遅(おそ)い 늦다

846 **大** ★
큰 대

훈독 おお / おおきい
음독 だい / たい

大型(おおがた) 대형 | 大(おお)けが 큰 상처 | 大勢(おおぜい) 여러 사람
大(おお)きい 크다
大事(だいじ) 중요함 | 大好(だいす)き 매우 좋아함 | 大体(だいたい) 대체로, 대강
大会(たいかい) 대회 | 大切(たいせつ) 소중함 | 大変(たいへん) 몹시, 매우, 큰일
예외 大人(おとな) 어른

---

847 **小** ★
작을 소

훈독 ちいさい / こ / お
음독 しょう

小(ちい)さい 작다, 어리다
小銭(こぜに) 잔돈 | 小鳥(ことり) 작은 새
小川(おがわ) 작은 시내
小学校(しょうがっこう) 초등학교 | 大小(だいしょう) 대소

---

848 **多** ★
많을 다

훈독 おおい
음독 た

多(おお)い 많다
多数(たすう) 다수 | 多分(たぶん) 아마 | 多量(たりょう) 다량 | 最多(さいた) 최다

---

849 **少** ★
적을 소

훈독 すくない / すこし
음독 しょう

少(すく)ない 적다
少(すこ)し 조금
少女(しょうじょ) 소녀 | 少々(しょうしょう) 잠시 | 少年(しょうねん) 소년 | 少量(しょうりょう) 소량

---

850 **長** ★
길 장

훈독 ながい
음독 ちょう

長(なが)い 길다 | 長話(ながばなし) 긴 이야기
長所(ちょうしょ) 장점 | 課長(かちょう) 과장 | 社長(しゃちょう) 사장

---

851 **短** ★
짧을 단

훈독 みじかい
음독 たん

短(みじか)い 짧다 | 気短(きみじか) 성급함, 조급함
短時間(たんじかん) 단시간 | 短所(たんしょ) 단점 | 長短(ちょうたん) 장단

852 ☐ ☐ ☐

重

무거울 중

훈독 おもい / かさねる / かさなる / え

음독 じゅう / ちょう

- 重い(おも) 무겁다
- 重ねる(かさ) 포개다, 겹치다 예 手(て)を重(かさ)ねる 손을 포개다
- 重なる(かさ) 포개지다, 겹쳐지다 예 不幸(ふこう)が重(かさ)なる 불행이 겹치다
- 二重(ふたえ) 이중, 두 겹
- 重要(じゅうよう) 중요 | 重力(じゅうりょく) 중력 | 体重(たいじゅう) 체중
- 貴重(きちょう) 귀중

853 ☐ ☐ ☐

軽

가벼울 경

훈독 かるい

음독 けい

- 軽い(かる) 가볍다 | 身軽(みがる) 경쾌함, 몸이 가벼움
- 軽食(けいしょく) 간단한 식사 | 軽率(けいそつ) 경솔함 | 軽重(けいちょう) 경중 |
- 軽量(けいりょう) 경량

854 ★ ☐ ☐ ☐

強

강할 강

훈독 つよい / つよまる / つよめる / しいる

음독 きょう / ごう

- 強い(つよ) 세다, 강하다 | 強火(つよび) 강불
- 強まる(つよ) 강해지다 예 風(かぜ)が強(つよ)まる 바람이 강해지다
- 強める(つよ) 강하게 하다 예 規制(きせい)を強(つよ)める 규제를 강화하다
- 強いる(し) 강요하다 | 強いて(し) 억지로, 굳이
- 예 自分(じぶん)の考(かんが)えを人(ひと)に強(し)いる 자기 생각을 남에게 강요하다
- 強化(きょうか) 강화 | 強国(きょうこく) 강국 | 強風(きょうふう) 강풍
- 強引(ごういん) 강인, 강행

855 ☐ ☐ ☐

弱

약할 약

훈독 よわい / よわまる / よわめる

음독 じゃく

- 弱い(よわ) 약하다 | 弱火(よわび) 약불
- 弱まる(よわ) 약해지다 예 速度(そくど)が弱(よわ)まる 속도가 줄어들다
- 弱める(よわ) 약하게 하다 예 火(ひ)を弱(よわ)める 불을 줄이다
- 弱者(じゃくしゃ) 약자 | 弱小(じゃくしょう) 약소 | 弱点(じゃくてん) 약점

856 ★ ☐ ☐ ☐

難

어려울 난

훈독 むずかしい

음독 なん

- 難しい(むずか) 어렵다
- 困難(こんなん) 곤란 | 災難(さいなん) 재난 | 盗難(とうなん) 도난

857 ★
易
쉬울 이
바꿀 역

훈독 やさしい
음독 い / えき

易しい(やさしい) 쉽다
安易(あんい) 안이함 | 容易(ようい) 용이, 손쉬움
貿易(ぼうえき) 무역

858
有
있을 유

훈독 ある
음독 ゆう / う

有る(ある) 있다(사물이나 식물)
▶사람이나 동물이 '있다'고 할 때는 居る(いる)를 사용합니다.
有名(ゆうめい) 유명 | 有料(ゆうりょう) 유료 | 所有(しょゆう) 소유
有無(うむ) 유무

859
無
없을 무

훈독 ない
음독 む / ぶ

無い(ない) 없다
無責任(むせきにん) 무책임 | 無駄(むだ) 헛됨, 보람 없음 | 無理(むり) 무리
無愛想(ぶあいそう) 무뚝뚝함, 상냥하지 않음 | 無事(ぶじ) 무사 | 無難(ぶなん) 무난

860
遠
멀 원

훈독 とおい
음독 えん

遠い(とおい) 멀다 | 遠く(とおく) 멀리, 먼 곳 | 遠回り(とおまわり) 멀리 돌아감
遠心力(えんしんりょく) 원심력 | 遠足(えんそく) 소풍 | 遠慮(えんりょ) 사양함

861
近
가까울 근

훈독 ちかい
음독 きん

近い(ちかい) 가깝다 | 近く(ちかく) 근처, 가까이 | 近道(ちかみち) 지름길
近郊(きんこう) 근교 | 近所(きんじょ) 근처, 이웃 | 最近(さいきん) 최근

---

862 ★
高
높을 고

훈독 たかい / たかまる / たかめる
음독 こう

高い(たかい) 높다, 비싸다
高まる(たかまる) 높아지다 예 人気(にんき)が高(たか)まる 인기가 높아지다
高める(たかめる) 높이다 예 意識(いしき)を高(たか)める 의식을 높이다
高音(こうおん) 고음 | 高学年(こうがくねん) 고학년 | 高校(こうこう) 고등학교

---

863 ★
低
낮을 저

훈독 ひくい / ひくまる / ひくめる
음독 てい

低い(ひくい) 낮다
低まる(ひくまる) 낮아지다
低める(ひくめる) 낮추다
低下(ていか) 저하 | 低学年(ていがくねん) 저학년 | 高低(こうてい) 고저

864 **深** 깊을 심

훈독 ふかい / ふかめる / ふかまる
음독 しん

- 深い(ふか) 깊다
- 深める(ふか) 깊게 하다 예 考え(かんが)を深める(ふか) 생각을 깊게 하다
- 深まる(ふか) 깊어지다 예 理解(りかい)が深まる(ふか) 이해가 깊어지다
- 深海(しんかい) 심해 | 深呼吸(しんこきゅう) 심호흡 | 深刻(しんこく) 심각

---

865 **浅** 얕을 천

훈독 あさい
음독 せん

- 浅い(あさ) 얕다
- 浅海(せんかい) 얕은 바다, 천해

---

866 **新** ★ 새로울 신

훈독 あたらしい / あらた
음독 しん

- 新しい(あたら) 새롭다
- 新た(あら) 새로움, 새로 시작함 | 新たに(あら) 새롭게
- 新入生(しんにゅうせい) 신입생 | 新聞(しんぶん) 신문 | 最新型(さいしんがた) 최신형

---

867 **古** 옛 고

훈독 ふるい
음독 こ

- 古い(ふる) 낡다, 오래되다 | 古本屋(ふるほんや) 헌책방
- 古代(こだい) 고대 | 最古(さいこ) 최고, 가장 오래됨 | 太古(たいこ) 태고

---

868 **早** 이를 조

훈독 はやい / はやめる
음독 そう / さつ

- 早い(はや) 이르다, 빠르다(시간적 의미) | 早起き(はやお) 일찍 일어남
- 早める(はや) 앞당기다 예 速度(そくど)を早める(はや) 속도를 앞당기다
- 早退(そうたい) 조퇴 | 早朝(そうちょう) 이른 아침
- 早速(さっそく) 즉시

---

869 **遅** ★ 늦을 지

훈독 おそい / おくれる / おくらせる
음독 ち

- 遅い(おそ) 늦다
- 遅れる(おく) 늦다, 지각하다 예 学校(がっこう)に遅れる(おく) 학교에 지각하다
- 遅らせる(おく) 늦추다
  예 卒業(そつぎょう)を1年遅らせる(いちねんおく) 졸업을 1년 늦추다
- 遅延(ちえん) 지연 | 遅刻(ちこく) 지각

870 **同**

한가지 동

훈독 おなじ

음독 どう

同(おな)じ 같음 | 同(おな)い年(どし) 동갑

同一(どういつ) 동일 | 同感(どうかん) 동감 | 同居(どうきょ) 동거 | 同時(どうじ) 동시

871 **異**

다를 이

훈독 ことなる

음독 い

異(こと)なる 다르다 예 意見(いけん)が異(こと)なる 의견이 다르다

異議(いぎ) 이의 | 異常(いじょう) 이상 | 異性(いせい) 이성

Tip

비슷한 의미의 표현 2

教(おそ)わる / 習(なら)う	배우다	がっかりする / 失望(しつぼう)する	실망하다
写(うつ)す / 撮(と)る	(사진 등을) 찍다	つまらない / くだらない	시시하다, 지루하다
破(やぶ)る / 守(まも)らない	깨다, 지키지 않다	親(した)しい / 仲(なか)がいい	친하다, 사이가 좋다
頑張(がんば)る / 努力(どりょく)する	노력하다	足(た)りない / 不足(ふそく)だ	부족하다
怒(おこ)られる / 叱(しか)られる	혼나다, 꾸중을 듣다	きつい / 大変(たいへん)だ	고되다, 힘들다
片付(かたづ)ける / 掃除(そうじ)する	치우다, 청소하다	楽(らく)だ / 簡単(かんたん)だ	쉽다, 간단하다
気(き)に入(い)る / 好(す)きになる	마음에 들다, 좋아지다	取(と)り消(け)す / キャンセルする	취소하다
気(き)をつける / 注意(ちゅうい)する	주의하다, 신경 쓰다		

Tip 왕초보 필수 한자어

한자 암기 동영상을 보면서 복습하세요

大型	おおがた	대형
大勢	おおぜい	여러 사람
大人	おとな	어른
大好き	だいすき	매우 좋아함
大事	だいじ	중요함
大切	たいせつ	소중함
大変	たいへん	몹시, 매우, 큰일
小学校	しょうがっこう	초등학교
少々	しょうしょう	잠시
長所	ちょうしょ	장점
短所	たんしょ	단점
重要	じゅうよう	중요
体重	たいじゅう	체중
有料	ゆうりょう	유료
高校	こうこう	고등학교
新聞	しんぶん	신문
遅刻	ちこく	지각

Tip 뜻에 주의해야 하는 한자어

案外	あんがい	뜻밖에, 예상외
感心	かんしん	감탄
突然	とつぜん	돌연, 갑자기
作法	さほう	예의범절
行方	ゆくえ	행방
正直	しょうじき	정직함, 솔직함
夢中	むちゅう	열중함, 정신이 없음
楽	らく	편안함, 용이함
実に	じつ	실로, 참으로, 아주
工夫	くふう	궁리, 고안
苦労	くろう	고생, 노고
中身	なかみ	알맹이, 내용
割合	わりあい	비율
落ち着く	おつ	안정되다, 침착하다
器用	きよう	솜씨가 좋음, 요령이 좋음

연습문제

1 한자를 바르게 읽은 것을 고르세요.

1 少々 ①しょしょ ②しょしょう ③しょうしょ ④しょうしょう

2 大好き ①たいすき ②だいすき ③だいずき ④おおすき

3 大人 ①こども ②おとな ③むすめ ④むすこ

4 大事 ①たいじ ②だいじ ③たいへん ④たいせつ

5 重い ①おもい ②かるい ③ふるい ④ひくい

2 알맞은 한자를 고르세요.

1 しんぶん ①新聞 ②新問 ③審聞 ④審問

2 ちょうしょ ①長所 ②短所 ③良所 ④悪所

3 やさしい ①難しい ②易しい ③新しい ④忙しい

4 おそい ①速い ②低い ③深い ④遅い

5 よわい ①強い ②弱い ③遠い ④近い

3 일본어 한자를 바르게 써 보세요.

1 유료 ________________ 2 중요 ________________

3 체중 ________________ 4 초등학교 ________________

5 고등학교 ________________ 6 지각 ________________

1 1.④ 2.② 3.② 4.② 5.① 2 1.① 2.① 3.② 4.④ 5.② 3 1. 有料(ゆうりょう) 2. 重要(じゅうよう) 3. 体重(たいじゅう) 4. 小学校(しょうがっこう) 5. 高校(こうこう) 6. 遅刻(ちこく)

Day 30

공부 순서 □ 한자 학습 ➡ □ 왕초보 필수 한자어 ➡ □ 연습문제 ➡ □ 한자 암기 동영상

서로 반대되는 한자 II

MP3를 들어보세요

開(あ)ける 열다	↔	閉(し)める 닫다
進(すす)む 나아가다	↔	退(しりぞ)く 물러서다
片(かた) 한쪽	↔	両(りょう) 양
表(おもて) 겉	↔	裏(うら) 안
増(ふ)える 늘어나다	↔	減(へ)る 줄다
続(つづ)ける 계속하다	↔	止(と)める 멈추다
貸(か)す 빌려주다	↔	借(か)りる 빌리다
勝(か)つ 이기다	↔	負(ま)ける 지다
捨(す)てる 버리다	↔	拾(ひろ)う 줍다
持(も)つ 가지다	↔	失(うしな)う 잃다
満席(まんせき) 만석	↔	空席(くうせき) 공석

872 **開** ★
열 개

□ □ □

훈독	ひらく	**開(ひら)く** 열리다, (가게 문을) 열다 예 店(みせ)を開(ひら)く 가게를 열다
	ひらける	**開(ひら)ける** 열리다, 전개되다 예 道(みち)が開(ひら)ける 길이 열리다
	あく	**開(あ)く** 열리다, (가게 문을) 열다 예 ドアが開(あ)く 문이 열리다
	あける	**開(あ)ける** 열다, 펴다 예 ドアを開(あ)ける 문을 열다
음독	かい	**開花(かいか)** 개화, 꽃이 핌 | **開会(かいかい)** 개회 | **開始(かいし)** 개시 | **開発(かいはつ)** 개발

▶あく(開く)는 눈에 보이는 것이 열릴 때, ひらく(開く)는 눈에 보이는 것과 함께 눈에 보이지 않는 것이 열릴 때 사용합니다. 보통 목적어가 있는 경우는 타동사 ひらく(開く)를 사용하고, あける(開ける)는 타동사로만 쓰입니다.

873 **閉**
닫을 폐

□ □ □

훈독	とじる	**閉(と)じる** 닫다, 덮다 예 目(め)を閉(と)じる 눈을 감다
	とじこもる	**閉(と)じこもる** 틀어박혀 나오지 않다 예 家(いえ)に閉(と)じこもる 집에 틀어박히다
	しめる	**閉(し)める** 닫다 예 ドアを閉(し)める 문을 닫다
	しまる	**閉(し)まる** 닫히다 예 ドアが閉(し)まる 문이 닫히다
음독	へい	**閉店(へいてん)** 폐점 | **開閉(かいへい)** 개폐

874 **進** ★
나아갈 진

□ □ □

훈독	すすむ	**進(すす)む** 나아가다, 진행하다, 진학하다 예 前(まえ)へ進(すす)む 앞으로 나아가다
	すすめる	**進(すす)める** 진행시키다, 나아가게 하다 예 会議(かいぎ)を進(すす)める 회의를 진행하다
음독	しん	**進学(しんがく)** 진학 | **進級(しんきゅう)** 진급 | **進行(しんこう)** 진행 | **進出(しんしゅつ)** 진출

875 **退** ★
물러날 퇴

□ □ □

훈독	しりぞく	**退(しりぞ)く** 물러서다 예 現役(げんえき)を退(しりぞ)く 현역에서 물러나다
음독	たい	**退院(たいいん)** 퇴원 | **退屈(たいくつ)** 지루함 | **引退(いんたい)** 은퇴

876 **片** 조각 편

훈독 かた
음독 へん

片(かた) 한쪽 | 片付(かたづ)ける 정리하다, 정돈하다 | 片道(かたみち) 편도
破片(はへん) 파편 | 断片(だんぺん) 단편

877 **両** ★ 두 량

음독 りょう

両親(りょうしん) 양친, 부모님 | 両方(りょうほう) 양쪽 | 両立(りょうりつ) 양립

878 **表** 겉 표

훈독 あらわす
表(あらわ)す 나타내다 예 心(こころ)を表(あらわ)す 마음을 나타내다
あらわれる
表(あらわ)れる 나타나다
예 感情(かんじょう)が顔(かお)に表(あらわ)れる 감정이 얼굴에 드러나다
おもて
表(おもて) 앞면, 겉
음독 ひょう
表現(ひょうげん) 표현 | 表情(ひょうじょう) 표정 | 発表(はっぴょう) 발표

879 **裏** 속 리

훈독 うら
음독 り

裏(うら) 뒤, 안 | 裏切(うらぎ)る 배신하다
裏面(りめん) 이면, 뒷면

880 **増** ★ 더할 증

훈독 ふやす
増(ふ)やす 늘리다 예 人数(にんずう)を増(ふ)やす 인원수를 늘리다
ふえる
増(ふ)える 늘어나다 예 人口(じんこう)が増(ふ)える 인구가 늘다
ます
増(ま)す 늘다, 늘리다 예 食欲(しょくよく)が増(ま)す 식욕이 늘다
음독 ぞう
増加(ぞうか) 증가 | 増大(ぞうだい) 증대 | 急増(きゅうぞう) 급증

▶구체적으로 셀 수 있는 것의 증가에는 増える, 인기나 흥미 등 추상적인 것의 증가에는 増す를 사용합니다.

881 ★
減
덜 감
- 훈독: へらす / へる
- 음독: げん

減(へ)らす 줄이다 예 量(りょう)を減(へ)らす 양을 줄이다
減(へ)る 줄다 예 体重(たいじゅう)が減(へ)る 체중이 줄다
減少(げんしょう) 감소 | 加減(かげん) 가감 | 増減(ぞうげん) 증감

882 ★
続
계속 속
- 훈독: つづける / つづく
- 음독: ぞく

続(つづ)ける 계속하다 예 努力(どりょく)を続(つづ)ける 노력을 계속하다
続(つづ)く 계속되다
예 雨(あめ)が五日(いつか)も続(つづ)く 비가 닷새 동안이나 계속되다
継続(けいぞく) 계속 | 接続(せつぞく) 접속 | 連続(れんぞく) 연속

883 ★
止
그칠 지
- 훈독: とめる / とまる
- 음독: し

止(と)める 멈추다, 세우다 예 車(くるま)を止(と)める 차를 세우다
止(と)まる 멎다, 서다 예 車(くるま)が止(と)まっている 차가 서 있다
禁止(きんし) 금지 | 中止(ちゅうし) 중지 | 廃止(はいし) 폐지

884
貸
빌릴 대
- 훈독: かす
- 음독: たい

貸(か)す 빌려주다 | 貸(か)し切(き)り 전세, 대절 |
貸(か)し出(だ)す 대출하다, 빌리다
貸借(たいしゃく) 대차 | 貸与(たいよ) 대여 | 賃貸(ちんたい) 임대

885 ★
借
빌릴 차
- 훈독: かりる
- 음독: しゃく

借(か)りる 빌리다 | 借(か)り物(もの) 빌린 것
借家(しゃくや) 빌린 집 | 借用(しゃくよう) 차용 |
拝借(はいしゃく)する 借(か)りる(빌리다)의 겸양어

886 ★
勝
이길 승
- 훈독: かつ
- 음독: しょう

勝(か)つ 이기다 | 勝手(かって) 제멋대로임
勝敗(しょうはい) 승패 | 勝利(しょうり) 승리 | 優勝(ゆうしょう) 우승

887
負
질 부
- 훈독: おう / まける
- 음독: ふ

負(お)う 짊어지다, 받다 예 責任(せきにん)を負(お)う 책임을 지다
負(ま)ける 지다 예 試合(しあい)に負(ま)ける 시합에 지다
負担(ふたん) 부담 | 勝負(しょうぶ) 승부

888 **捨** 버릴 사

훈독 すてる
捨てる 버리다 예 ごみを捨てる 쓰레기를 버리다

음독 しゃ
四捨五入 사사오입, 반올림 | 取捨選択 취사선택

889 **拾** 주울 습

훈독 ひろう
拾う 줍다 예 ごみを拾う 쓰레기를 줍다

음독 しゅう
拾得 습득 | 収拾 수습

890 **持** ★ 가질 지

훈독 もつ
持つ 가지다, 들다 | 持ち主 소유자 |
金持ち 부자 | 気持ち 기분

음독 じ
持久力 지구력 | 持参 지참 | 持続 지속

891 **失** 잃을 실

훈독 うしなう
失う 잃다 예 信頼を失う 신뢰를 잃다

음독 しつ
失礼 실례 | 損失 손실 | 失敗 실패

892 **満** ★ 찰 만

훈독 みたす
満たす 채우다, 만족시키다
예 条件を満たす 조건을 충족시키다

みちる
満ちる 차다, 가득하다 예 希望に満ちる 희망에 가득 차다

음독 まん
満員 만원 | 満席 만석 | 満足 만족

893 **空** ★ 빌 공

훈독 そら
空 하늘 | 青空 파란 하늘

あく
空く 비다 | 空き缶 빈 캔 | 空き地 공터
예 時間が空く 시간이 비다

あける
空ける 비우다 예 席を空ける 자리를 비우다

から
空 빔 | 空っぽ 텅 빔

すく
空く 비다 예 お腹が空いた 배가 고프다

음독 くう
空間 공간 | 空気 공기 | 空港 공항

894 □ □ □

興

일 흥

훈독 おこす / おこる

음독 きょう / こう

興(おこ)す 흥하게 하다 예 国(くに)を興(おこ)す 나라를 흥하게 하다

興(おこ)る 번성하다, 흥하다 예 国(くに)が興(おこ)る 나라가 흥하다

興味(きょうみ) 흥미 | 余興(よきょう) 여흥

興奮(こうふん) 흥분 | 復興(ふっこう) 부흥

895 □ □ □

亡 ★

망할 망

훈독 なくす / なくなる

음독 ぼう

亡(な)くす 여의다, 잃다 예 子供(こども)を亡(な)くした 아이를 잃었다

亡(な)くなる 사망하다, 작고하다

예 おじいさんが亡(な)くなった 할아버지가 돌아가셨다

死亡(しぼう) 사망 | 滅亡(めつぼう) 멸망

896 □ □ □

忙

바쁠 망

훈독 いそがしい

음독 ぼう

忙(いそが)しい 바쁘다

多忙(たぼう) 다망, 매우 바쁨

897 □ □ □

暇

틈 가

훈독 ひま

음독 か

暇(ひま) 한가함, 틈, 짬

休暇(きゅうか) 휴가 | 余暇(よか) 여가

Tip

비슷한 의미의 표현 3

契機(けいき) / きっかけ	계기	辺(あた)り / 近所(きんじょ)	부근, 근처
相互(そうご) / 互(たが)い	서로, 상호	具合(ぐあい) / 調子(ちょうし)	상태
文句(もんく) / 不平(ふへい)	불평	支度(したく) / 用意(ようい)	준비, 채비
料金(りょうきん) / 値段(ねだん)	요금, 가격	切符(きっぷ) / チケット	표, 티켓
検査(けんさ) / テスト	검사, 테스트	印(しるし) / マーク	표시, 마크
予定(よてい) / スケジュール	예정, 스케줄	元気(げんき) / 健康(けんこう)	건강함
無料(むりょう) / ただ	무료, 공짜	クラス / 学級(がっきゅう)	학급, 클래스

Tip 왕초보 필수 한자어

한자 암기 동영상을 보면서 복습하세요

開く(ひらく)	열리다, (가게 문을) 열다
開ける(あける)	열다, 펴다
閉める(しめる)	닫다
閉まる(しまる)	닫히다
進む(すすむ)	나아가다, 진행하다, 진학하다
両方(りょうほう)	양쪽
表(おもて)	앞면, 겉
裏(うら)	뒤, 안
発表(はっぴょう)	발표
増える(ふえる)	늘어나다
減る(へる)	줄다
続ける(つづける)	계속하다
続く(つづく)	계속되다
止まる(とまる)	멎다, 서다
禁止(きんし)	금지
勝利(しょうり)	승리
気持ち(きもち)	기분
失礼(しつれい)	실례
失敗(しっぱい)	실패
満員(まんいん)	만원
満足(まんぞく)	만족
空(そら)	하늘
空く(あく)	비다
空港(くうこう)	공항
興味(きょうみ)	흥미
亡くなる(なくなる)	사망하다, 작고하다
死亡(しぼう)	사망
休暇(きゅうか)	휴가

연습문제

1 한자를 바르게 읽은 것을 고르세요.

1	空	① くも	② かぜ	③ そら	④ うみ
2	満足	① まんそく	② まんぞく	③ ばんそく	④ ばんぞく
3	死亡	① しほう	② しぼう	③ じほう	④ じぼう
4	空港	① くうこう	② こうくう	③ くうごう	④ ごうくう
5	失礼	① しちれい	② しつれい	③ しっぱい	④ しっぱい

2 알맞은 한자를 고르세요.

1	まんいん	① 満席	② 満院	③ 満室	④ 満員
2	かた	① 片	② 両	③ 興	④ 亡
3	うら	① 表	② 裏	③ 内	④ 外
4	かつ	① 持つ	② 待つ	③ 勝つ	④ 打つ
5	うしなう	① 拾う	② 買う	③ 追う	④ 失う

3 일본어 한자를 바르게 써 보세요.

1 금지 ____________________　2 발표 ____________________

3 실패 ____________________　4 공기 ____________________

5 중지 ____________________　6 개발 ____________________

1 1. ③ 2. ② 3. ② 4. ① 5. ②　2 1. ④ 2. ① 3. ② 4. ③ 5. ④　3 1. 禁止(きんし) 2. 発表(はっぴょう) 3. 失敗(しっぱい) 4. 空気(くうき) 5. 中止(ちゅうし) 6. 開発(かいはつ)

* 2020년 4월 개정된 일본 초등학교 교육한자 1026자 중에서 본문에 포함되지 않은 245자를 추가 수록하였습니다.

추가
상용한자
245자

001 ★ **街** 거리 가

훈독 まち
음독 がい / かい

街(まち) 상가가 밀집된 번화한 거리
商店街(しょうてんがい) 상점가 | 市街(しがい) 시가
街道(かいどう) 가도, 큰 길거리

---

002 **仮** 거짓 가

훈독 かり
음독 か / け

仮免許(かりめんきょ) 가면허
仮定(かてい) 가정 | 仮面(かめん) 가면
仮病(けびょう) 꾀병

---

003 ★ **刻** 새길 각

훈독 きざむ
음독 こく

じゃがいもを刻(きざ)む 감자를 잘게 썰다
時刻(じこく) 시각 | 深刻(しんこく) 심각 | 遅刻(ちこく) 지각

---

004 **閣** 집 각

음독 かく

内閣(ないかく) 내각 | 閣議(かくぎ) 각의, 국무회의
예외 閣下(かっか) 각하

---

005 **干** 방패 간 / 마를 건

훈독 ほす / ひる
음독 かん

洗濯物(せんたくもの)を干(ほ)す 빨래를 말리다 | 梅干(うめぼ)し 매실 장아찌
潮(しお)が干(ひ)る 조수가 빠지다
干渉(かんしょう) 간섭 | 若干(じゃっかん) 약간

---

006 **看** 볼 간

음독 かん

看板(かんばん) 간판 | 看過(かんか) 간과 | 看護(かんご) 간호 | 看病(かんびょう) 간병

---

007 **刊** 새길 간

음독 かん

刊行(かんこう) 간행 | 週刊誌(しゅうかんし) 주간지 | 発刊(はっかん) 발간

008 **幹** ★
줄기 간
훈독 みき
음독 かん

幹(みき) 나무의 줄기
幹部(かんぶ) 간부 | 幹線(かんせん) 간선

009 **鋼**
강철 강
훈독 はがね
음독 こう

鋼(はがね) 강철
鋼材(こうざい) 강철재 | 鋼鉄(こうてつ) 강철 | 鉄鋼(てっこう) 철강

010 **岡**
산등성이 강
훈독 おか

岡(おか) 언덕, 작은 산, 작은 구릉(상용한자로는 '丘(おか)'를 씀) |
岡山(おかやま) 오카야마(일본 중부 지방의 현)

011 **康** ★
편안할 강
음독 こう

健康(けんこう) 건강 | 小康(しょうこう) 소강

012 **挙**
들 거
훈독 あげる
あがる
음독 きょ

手(て)を挙(あ)げる 손을 들다
候補(こうほ)に挙(あ)がる 후보에 오르다
選挙(せんきょ) 선거 | 検挙(けんきょ) 검거

013 **居**
살 거
훈독 いる
음독 きょ

居(い)る 있다(사람·동물에 사용)
新居(しんきょ) 새로 지은 주택 | 隠居(いんきょ) 은거 | 住居(じゅうきょ) 주거 | 同居(どうきょ) 동거

▶有る(있다)는 식물과 사물에 사용합니다.

014 **激** ★
격할 격
훈독 はげしい
음독 げき

風(かぜ)が激(はげ)しい 바람이 세다
激怒(げきど) 격노 | 刺激(しげき) 자극 | 急激(きゅうげき) 급격

015
絹
비단 견
훈독 きぬ
음독 けん

絹(きぬ) 비단, 명주
絹糸(けんし) 견사, 명주실 | 人絹(じんけん) 인견

016
潔
깨끗할 결
훈독 いさぎよい
음독 けつ

潔い(いさぎよ) 미련 없이 깨끗하다
簡潔(かんけつ) 간결 | 不潔(ふけつ) 불결 | 潔白(けっぱく) 결백

017
耕
밭갈 경
훈독 たがやす
음독 こう

畑を耕す(はたけ・たがや) 밭을 갈다
耕作(こうさく) 경작 | 農耕(のうこう) 농경

018 ★
径
지름길 경
음독 けい

直径(ちょっけい) 직경, 지름 | 半径(はんけい) 반지름

019
系
이을 계
음독 けい

系統(けいとう) 계통 | 系列(けいれつ) 계열 | 体系(たいけい) 체계

020
故
연고 고
훈독 ゆえ
음독 こ

故に(ゆえ) 그러므로, 따라서
事故(じこ) 사고 | 故意(こうい) 고의 | 故人(こじん) 고인

021
穀
곡식 곡
음독 こく

穀物(こくもつ) 곡물, 곡식 | 雑穀(ざっこく) 잡곡

022 ☐ ☐ ☐

谷
골 곡

- 훈독: たに
- 음독: こく

谷川(たにがわ) 계곡
渓谷(けいこく) 계곡 | 峡谷(きょうこく) 협곡

---

023 ☐ ☐ ☐

供
이바지할 공

- 훈독: そなえる, とも
- 음독: きょう

霊前(れいぜん)に花(はな)を供(そな)える 영전에 꽃을 바치다
子供(こども) 어린이 | 子供(こども)の頃(ごろ) 어린 시절 | 子供達(こどもたち)아이들
供給(きょうきゅう) 공급 | 提供(ていきょう) 제공

---

024 ☐ ☐ ☐

管
대롱 관

- 음독: かん

血管(けっかん) 혈관 | 管理(かんり) 관리 | 保管(ほかん) 보관

---

025 ☐ ☐ ☐

鉱
쇳돌 광

- 음독: こう

鉱業(こうぎょう) 광업 | 鉱山(こうざん) 광산 | 鉱物(こうぶつ) 광물

---

026 ☐ ☐ ☐

旧
옛 구

- 음독: きゅう

旧式(きゅうしき) 구식 | 新旧(しんきゅう) 신구 | 復旧(ふっきゅう) 복구

---

027 ☐ ☐ ☐

郡
고을 군

- 음독: ぐん

郡都道府県(ぐんとどうふけん) 군(郡(ぐん)), 도도부현(都道府県(とどうふけん)) 밑에 있는 행정 구역
郡部(ぐんぶ) 군에 속하는 지역

---

028 ☐ ☐ ☐

群
무리 군

- 훈독: むれる, むれ, むら
- 음독: ぐん

鳥(とり)が群(む)れて飛(と)ぶ 새가 떼 지어 날다
群(む)れ 무리
群(むら)すずめ 참새 떼
群集(ぐんしゅう) 군집 | 群像(ぐんぞう) 군상

029 **宮** 집 궁

훈독 みや
음독 きゅう / く / ぐう

- 宮崎(みやざき) 미야자키(지명 또는 인명)
- 王宮(おうきゅう) 왕궁
- 宮内庁(くないちょう) 궁내청, 황실에 관한 사무를 맡아 보는 관청
- 神宮(じんぐう) 신궁 | 竜宮(りゅうぐう) 용궁

030 **弓** 활 궁

훈독 ゆみ
음독 きゅう

- 弓(ゆみ)矢(や) 활과 화살
- 弓道(きゅうどう) 궁도

031 **巻** 책 권

훈독 まく / まき
음독 かん

- ねじを巻(ま)く 나사를 죄다
- 巻(まき) 서화의 두루마리, 서적
- 巻末(かんまつ) 권말 | 圧巻(あっかん) 압권

032 **均** ★ 고를 균

음독 きん

- 平均(へいきん) 평균 | 均等(きんとう) 균등 | 均一(きんいつ) 균일

033 **劇** ★ 심할 극

음독 げき

- 劇場(げきじょう) 극장 | 悲劇(ひげき) 비극 | 演劇(えんげき) 연극

034 **極** ★ 지극할 극

훈독 きわめる / きわまる / きわみ
음독 きょく / ごく

- 山頂(さんちょう)を極(きわ)める 산꼭대기에 다다르다
- 夏(なつ)はビールに極(きわ)まる 여름에는 맥주가 최고다
- 痛恨(つうこん)の極(きわ)みだ 통한스럽기 짝이 없다
- 消極的(しょうきょくてき) 소극적 | 南極(なんきょく) 남극 | 北極(ほっきょく) 북극 | 積極的(せっきょくてき) 적극적
- 極楽(ごくらく) 극락

035 **筋** ★ 힘줄 근

훈독 すじ
음독 きん

筋(すじ)が立(た)つ 이치에 맞다
筋肉(きんにく) 근육 | 鉄筋(てっきん) 철근

036 **岐** 갈림길 기

훈독 ちまた
음독 き
ぎ

岐(ちまた) 번화한 거리, 시가
分岐(ぶんき) 분기
岐阜(ぎふ) 기후(중부 지방 서부 내륙에 있는 현)

037 **埼** 갑 기

훈독 さい

埼玉(さいたま) 사이타마(간토 지방 중서부에 있는 내륙 현)

038 **旗** ★ 기 기

훈독 はた
음독 き

旗(はた) 깃발
国旗(こっき) 국기 | 旗手(きしゅ) 기수

039 **汽** 물 끓는 김 기

음독 き

汽車(きしゃ) 기차 | 汽船(きせん) 기선 | 汽笛(きてき) 기적

040 **紀** ★ 벼리 기

음독 き

世紀(せいき) 세기 | 紀元前(きげんぜん) 기원전 | 紀行(きこう) 기행

041 **寄** 부칠 기

훈독 よる
よせる
음독 き

帰(かえ)りに寄(よ)る 돌아오는 길에 들르다
便(たよ)りを寄(よ)せる 편지를 보내다
寄付(きふ) 기부 | 寄贈(きぞう) 기증

042
己
자기 기
훈독 おのれ
음독 こ き

己(おのれ) 자기 자신, 나
自己(じこ) 자기 | 利己主義(りこしゅぎ) 이기주의
知己(ちき) 서로 마음이 통하는 벗, 지인

043
崎
험할 기
훈독 さき

宮崎(みやざき) 미야자키(규슈 지방 남동부에 있는 현)

044
奈
어찌 나
음독 な

奈落(ならく) 나락 | 奈良(なら) 나라(긴키 지방 중앙부에 있는 현)

045
納
들일 납
훈독 おさめる おさまる
음독 のう なっ な なん とう

倉(くら)に納(おさ)める 창고에 넣다
けんかが納(おさ)まる 싸움이 끝나다
納品(のうひん) 납품 | 納期(のうき) 납기 | 納税(のうぜい) 납세
納豆(なっとう) 낫토 | 納得(なっとく) 납득
納屋(なや) 창고, 헛간
納戸(なんど) 가재도구 두는 곳
出納(すいとう) 출납

046 ★
念
생각 념
음독 ねん

念願(ねんがん) 염원 | 残念(ざんねん) 유감 | 記念(きねん) 기념

047 ★
努
힘쓸 노
훈독 つとめる
음독 ど

研究(けんきゅう)に努(つと)める 연구에 힘쓰다
努力(どりょく) 노력, 애씀

048 □ □ □

談

말씀 담

음독 だん

相談(そうだん) 상담 | 対談(たいだん) 대담

---

049 □ □ □

党

무리 당

음독 とう

政党(せいとう) 정당 | 野党(やとう) 야당 | 与党(よとう) 여당

---

050 □ □ □

糖

엿 당
엿 탕

음독 とう

糖分(とうぶん) 당분 | 果糖(かとう) 과당 | 砂糖(さとう) 설탕

---

051 □ □ □

隊

무리 대

음독 たい

隊員(たいいん) 대원 | 軍隊(ぐんたい) 군대

---

052 □ □ □

徒

무리 도

음독 と

生徒(せいと) 학생, 생도 | 徒歩(とほ) 도보

---

053 □ □ □

刀

칼 도

훈독 かたな

음독 とう

刀(かたな) 칼, 큰 칼 | 刀(かたな)を下(さ)げる 칼을 차다

名刀(めいとう) 명검 | 執刀(しっとう) 집도

---

054 □ □ □

毒

독 독

음독 どく

毒薬(どくやく) 독약 | 中毒(ちゅうどく) 중독 | 毒舌(どくぜつ) 독설

055 **銅** 구리 **동**

음독 どう

銅像(どうぞう) 동상 | 銅(どう)メダル 동메달 | 青銅(せいどう) 청동

056 **童** 아이 **동**

훈독 わらべ

음독 どう

童(わらべ) 어린이, 동자

童話(どうわ) 동화 | 童顔(どうがん) 동안 | 童心(どうしん) 동심

057 **灯** 등잔 **등**

훈독 ひ

음독 とう

街(まち)の灯(ひ) 거리의 불빛

電灯(でんとう) 전등 | 灯台(とうだい) 등대

058 **等** 무리 **등**

훈독 ひとしい

음독 とう

等(ひと)しい 같다, 동등하다, 동일하다

対等(たいとう) 대등 | 等級(とうきゅう) 등급

059 **覧** 볼 **람** ★

음독 らん

観覧(かんらん) 관람 | 遊覧船(ゆうらんせん) 유람선 | 展覧会(てんらんかい) 전람회

060 **朗** 밝을 **랑**

훈독 ほがらか

음독 ろう

朗(ほが)らかな天気(てんき) 쾌청한 날씨

明朗(めいろう) 명랑 | 朗報(ろうほう) 낭보 | 朗読(ろうどく) 낭독

061 **略** 간략할 **략**

음독 りゃく

省略(しょうりゃく) 생략 | 略式(りゃくしき) 약식 | 戦略(せんりゃく) 전략

062 ☐ ☐ ☐

鹿
사슴 록

훈독 しか
음독 か

鹿(しか) 사슴
鹿児島(かごしま) 가고시마(규슈 지방 남부에 있는 현)

---

063 ☐ ☐ ☐

陸
뭍 륙

음독 りく

陸軍(りくぐん) 육군 | 上陸(じょうりく) 상륙 | 着陸(ちゃくりく) 착륙

---

064 ☐ ☐ ☐ ★

輪
바퀴 륜

훈독 わ
음독 りん

指輪(ゆびわ) 반지
車輪(しゃりん) 차바퀴 | 年輪(ねんりん) 연륜 | 輪郭(りんかく) 윤곽

---

065 ☐ ☐ ☐ ★

律
법칙 률

음독 りつ
りち

法律(ほうりつ) 법률 | 規律(きりつ) 규율 | 一律(いちりつ) 일률
律儀(りちぎ) 의리가 두터움, 성실하고 정직함

---

066 ☐ ☐ ☐

里
마을 리

훈독 さと
음독 り

里(さと) 마을, 촌락, 시골 | 古里(ふるさと) 고향
千里眼(せんりがん) 천리안 | 一里(いちり) 십리

---

067 ☐ ☐ ☐

梨
배 리

훈독 なし

梨(なし) 배 | 山梨(やまなし) 야마나시(중부 지방 동남부에 있는 현)

---

068 ☐ ☐ ☐

臨
임할 림

훈독 のぞむ
음독 りん

大会(たいかい)に臨(のぞ)む 대회에 임하다
臨時(りんじ) 임시 | 君臨(くんりん) 군림 | 臨機応変(りんきおうへん) 임기응변

069 □ □ □

幕
장막 막

음독 まく / ばく

開幕(かいまく) 개막 | 内幕(ないまく) 내막 | 閉幕(へいまく) 폐막

幕府(ばくふ) 막부(무가 시대에 쇼군이 정무를 집행하던 곳, 무가 정권)

---

070 □ □ □

麦
보리 맥

훈독 むぎ

음독 ばく

麦茶(むぎちゃ) 보리차 | 小麦粉(こむぎこ) 밀가루

麦芽(ばくが) 맥아

---

071 □ □ □

脈
줄기 맥

음독 みゃく

人脈(じんみゃく) 인맥 | 静脈(じょうみゃく) 정맥 | 動脈(どうみゃく) 동맥

---

072 □ □ □

盟
맹세 맹

음독 めい

同盟(どうめい) 동맹 | 加盟(かめい) 가맹 | 連盟(れんめい) 연맹

---

073 □ □ □

綿
솜 면

훈독 わた

음독 めん

綿(わた)あめ 솜사탕

木綿(もめん) 솜, 무명 | 綿密(めんみつ) 면밀

---

074 □ □ □ ★

鳴
울 명

훈독 なく / なる / ならす

음독 めい

鳴(な)き声(ごえ) (짐승·새·벌레들의) 울음소리

鐘(かね)が鳴(な)る 종이 울리다

ベルを鳴(な)らす 벨을 울리다

共鳴(きょうめい) 공명 | 悲鳴(ひめい) 비명

---

075 □ □ □

模
본뜰 모

も / ぼ

模様(もよう) 모양 | 模型(もけい) 모형 | 模範(もはん) 모범

規模(きぼ) 규모

076 □□□

牧
칠 목

훈독 まき
음독 ぼく

牧(まき) 목장
牧場(ぼくじょう) 목장 | 遊牧(ゆうぼく) 유목

077 □□□

墓
무덤 묘

훈독 はか
음독 ぼ

お墓参り(はかまいり) 성묘
墓地(ぼち) 묘지 | 墓穴(ぼけつ) 묘혈, 무덤

078 □□□

武
호반 무

음독 ぶ

武士(ぶし) 무사 | 武器(ぶき) 무기 | 武力(ぶりょく) 무력

079 □□□

迷 ★
미혹할 미

훈독 まよう
음독 めい

道に迷う(みちにまよう) 길을 잃다
迷惑(めいわく) 성가심, 귀찮음, 폐 | 迷信(めいしん) 미신

080 □□□

密 ★
빽빽할 밀

음독 みつ

秘密(ひみつ) 비밀 | 精密(せいみつ) 정밀 | 密林(みつりん) 밀림 | 厳密(げんみつ) 엄밀

081 □□□

博 ★
넓을 박

음독 はく
ばく

博物館(はくぶつかん) 박물관 | 博学(はくがく) 박학 | 博士(はくし) 박사(=はかせ)
博打(ばくち) 도박, 노름

082 □□□

班
나눌 반

음독 はん

班長(はんちょう) 반장 | 班別(はんべつ) 반별

083 □ □ □

訪 ★ 찾을 방

훈독 おとずれる たずねる

음독 ほう

友人(ゆうじん)の家(いえ)を訪(おとず)れる 친구 집을 방문하다

先生(せんせい)の家(いえ)を訪(たず)ねる 선생님 댁을 찾다

訪問(ほうもん) 방문 | 探訪(たんぼう) 탐방 | 訪日(ほうにち) 방일

084 □ □ □

俳 배우 배

음독 はい

俳優(はいゆう) 배우 | 俳句(はいく) 하이쿠(일본의 5·7·5의 3구(句) 17음(音)으로 되는 단형(短型)시) | 俳人(はいじん) 하이쿠를 짓는 사람

085 □ □ □

拝 절 배

훈독 おがむ

음독 はい

拝(おが)む 공손히 절하다, 배례하다

拝借(はいしゃく)する '빌리다(借(か)りる)'의 겸양어

拝見(はいけん)する '보다(見(み)る)'의 겸양어 | 参拝(さんぱい) 참배

086 □ □ □

弁 ★ 고깔 변

음독 べん

弁当(べんとう) 도시락 | 弁護士(べんごし) 변호사

関西弁(かんさいべん) 교토·오사카를 중심으로 한 긴키 지방의 방언

087 □ □ □

兵 병사 병

음독 へい ひょう

兵士(へいし) 병사 | 兵役(へいえき) 병역

兵庫県(ひょうごけん) 효고현(긴키 지방 서부에 있는 현)

088 □ □ □

補 도울 보

훈독 おぎなう

음독 ほ

説明(せつめい)を補(おぎな)う 설명을 보충하다

補償(ほしょう) 보상 | 補助金(ほじょきん) 보조금 | 候補(こうほ) 후보

089 □ □ □

府 ★ 마을 부

음독 ふ

政府(せいふ) 정부 | 大阪府(おおさかふ) 오사카부 | 都道府県(とどうふけん) 도도부현

090 ☐ ☐ ☐

副 버금 **부**

음독 ふく

副業(ふくぎょう) 부업 | 副作用(ふくさよう) 부작용 | 副社長(ふくしゃちょう) 부사장

091 ☐ ☐ ☐

阜 언덕 **부**

음독 ふ

岐阜(ぎふ) 기후(중부 지방 서부 내륙에 있는 현)

092 ☐ ☐ ☐

奮 떨칠 **분**

훈독 ふるう

음독 ふん

勇気(ゆうき)を奮(ふる)う 용기를 내다

興奮(こうふん) 흥분 | 奮発(ふんぱつ) 분발 | 奮起(ふんき) 분기

093 ☐ ☐ ☐

仏 부처 **불**

훈독 ほとけ

음독 ぶつ

仏(ほとけ) 부처, 불상

仏教(ぶっきょう) 불교 | 念仏(ねんぶつ) 염불

094 ☐ ☐ ☐

批 비평할 **비**

음독 ひ

批判(ひはん) 비판 | 批評(ひひょう) 비평

095 ☐ ☐ ☐

肥 살찔 **비**

훈독 こえる

こやす

음독 ひ

肥(こ)え 비료, 거름

肥(こ)やし 거름, 비료

肥満(ひまん) 비만 | 肥大(ひだい) 비대 | 肥料(ひりょう) 비료

096 ☐ ☐ ☐

飼 기를 **사**

훈독 かう

음독 し

飼(か)い主(ぬし) (가축, 애완동물의) 주인

飼育(しいく) 사육 | 飼料(しりょう) 사료

097 詞 말 사
음독 し

歌詞(かし) 가사, 노랫말 | 作詞(さくし) 작사 | 名詞(めいし) 명사

098 射 쏠 사 ★
훈독 いる
음독 しゃ

的(まと)を射(い)る 과녁을 맞히다
注射(ちゅうしゃ) 주사 | 反射(はんしゃ) 반사 | 放射能(ほうしゃのう) 방사능

099 舎 집 사
음독 しゃ

寄宿舎(きしゅくしゃ) 기숙사 | 校舎(こうしゃ) 학교
예외 田舎(いなか) 시골

100 酸 실 산 ★
훈독 すい
음독 さん

酸(す)っぱい 시다, 시큼하다
酸化(さんか) 산화 | 酸性(さんせい) 산성 | 酸素(さんそ) 산소

101 像 모양 상 ★
음독 ぞう

想像(そうぞう) 상상 | 自画像(じがぞう) 자화상 | 画像(がぞう) 화상, 이미지

102 署 관청 서
음독 しょ

部署(ぶしょ) 부서 | 署名(しょめい) 서명 | 警察署(けいさつしょ) 경찰서

103 潟 개펄 석
훈독 かた
음독 せき

干潟(ひがた) 간석지 | 新潟(にいがた) 니가타 중부 지방 동북부의 동해에 면한 현
潟湖(せきこ) 석호

104 **宣** ★ 베풀 선

음독 せん

宣言(せんげん) 선언 | 宣伝(せんでん) 선전 | 宣告(せんこく) 선고

105 **省** 살필 성 / 덜 생

훈독 かえりみる / はぶく

음독 しょう / せい

自(みずか)らを省(かえり)みる 스스로를 돌이켜보다

説明(せつめい)を省(はぶ)く 설명을 생략하다

省(しょう)エネ 에너지 절약 | 省略(しょうりゃく) 생략

反省(はんせい) 반성

106 **聖** 성인 성

음독 せい

聖火(せいか) 성화 | 聖書(せいしょ) 성경, 성서 | 神聖(しんせい) 신성 | 聖人(せいじん) 성인

107 **盛** ★ 성할 성

훈독 もる / さかん / さかる

음독 せい / じょう

ご飯(はん)を盛(も)る 밥을 담다

貿易(ぼうえき)が盛(さか)んになる 무역이 활발해지다

盛(さか)り 한창(때)

盛大(せいだい) 성대 | 盛況(せいきょう) 성황

繁盛(はんじょう) 번성

108 **城** ★ 재 성

훈독 しろ

음독 じょう

城(しろ) 성

城門(じょうもん) 성문 | 大阪城(おおさかじょう) 오사카성

109 **誠** 정성 성

훈독 まこと

음독 せい

誠(まこと)に 정말로, 대단히 |

誠(まこと)にありがとうございます 정말 감사합니다

誠実(せいじつ) 성실 | 誠意(せいい) 성의 | 誠心(せいしん) 성심

110 ☐ ☐ ☐

税 세금 세

음독 ぜい

税金(ぜいきん) 세금 | 税務(ぜいむ) 세무 | 課税(かぜい) 과세

111 ☐ ☐ ☐

勢 형세 세 ★

훈독 いきおい

음독 せい

勢い(いきお) 기세, 기운

態勢(たいせい) 태세 | 姿勢(しせい) 자세 | 大勢(おおぜい) 여러 사람

112 ☐ ☐ ☐

昭 밝을 소

음독 しょう

昭和(しょうわ) 쇼와(1926년부터 1989년까지의 일본 연호)

113 ☐ ☐ ☐

巣 새집 소

훈독 す

음독 そう

空き巣(あきす) 빈집

病巣(びょうそう) 병소

114 ☐ ☐ ☐

属 엮을 속

음독 ぞく

所属(しょぞく) 소속 | 金属(きんぞく) 금속 | 属する(ぞく) 속하다

115 ☐ ☐ ☐

刷 인쇄할 쇄

훈독 する

음독 さつ

新聞を刷る(しんぶん, す) 신문을 인쇄하다

印刷(いんさつ) 인쇄 | 増刷(ぞうさつ) 증쇄

116 ☐ ☐ ☐

樹 나무 수 ★

음독 じゅ

樹木(じゅもく) 수목 | 樹立(じゅりつ) 수립 | 果樹園(かじゅえん) 과수원

117 □ □ □
修 닦을 수
훈독 おさめる / おさまる
음독 しゅう

学業(がくぎょう)を修(おさ)める 학업을 닦다
身持(みも)ちが修(おさ)まる 몸가짐이 좋아지다
研修(けんしゅう) 연수 | 修士(しゅうし) 석사 | 修飾(しゅうしょく) 수식

---

118 □ □ □
垂 드리울 수
훈독 たれる / たらす
음독 すい

垂(た)れ幕(まく) 현수막
水(みず)を垂(た)らす 물을 흘리다
垂直(すいちょく) 수직

---

119 ★ □ □ □
授 줄 수
훈독 さずける / さずかる
음독 じゅ

学位(がくい)を授(さず)ける 학위를 주다
子(こ)を授(さず)かる 아이를 점지해 주시다
授業(じゅぎょう) 수업 | 教授(きょうじゅ) 교수 | 授受(じゅじゅ) 주고받음

---

120 □ □ □
熟 익을 숙
훈독 うれる
음독 じゅく

柿(かき)が熟(う)れる 감이 익다
熟成(じゅくせい) 숙성 | 熟練(じゅくれん) 숙련 | 円熟(えんじゅく) 원숙 | 未熟(みじゅく) 미숙

---

121 ★ □ □ □
純 순수할 순
음독 じゅん

純情(じゅんじょう) 순정 | 純粋(じゅんすい) 순수 | 単純(たんじゅん) 단순

---

122 □ □ □
述 펼 술
훈독 のべる
음독 じゅつ

意見(いけん)を述(の)べる 의견을 진술하다
記述(きじゅつ) 기술 | 前述(ぜんじゅつ) 전술 | 論述(ろんじゅつ) 논술

---

123 □ □ □
承 이을 승
훈독 うけたまわる
음독 しょう

ご意見(いけん)を承(うけたまわ)りたい 의견을 듣고자 합니다
承知(しょうち) 알아들음 | 承諾(しょうだく) 승낙 | 承認(しょうにん) 승인

124
☐ ☐ ☐

縄 줄 승

훈독 なわ
음독 じょう

縄(なわ) 새끼, 줄 | 沖縄(おきなわ) 오키나와(일본 최남단의 열도로 된 현)
縄文(じょうもん) 조몬, 새끼줄 무늬

125
☐ ☐ ☐

矢 ★ 화살 시

훈독 や
음독 し

矢印(やじるし) 화살표
嚆矢(こうし) 효시, 최초

126
☐ ☐ ☐

申 ★ 납 신

훈독 もうす
음독 しん

申し上げる(もうしあげる) '말씀드리다(言う(いう))'의 겸양어
申し込む(もうしこむ) 신청하다
申告(しんこく) 신고 | 申請(しんせい) 신청

127
☐ ☐ ☐

臣 신하 신

음독 しん
じん

臣下(しんか) 신하 | 家臣(かしん) 가신, 집안에서 일 보는 신하
大臣(だいじん) 대신

128
☐ ☐ ☐

我 나 아

훈독 われ
わ
음독 が

我々(われわれ) 우리들
我が国(わがくに) 우리나라
自我(じが) 자아 | 我慢(がまん) 참음

129
☐ ☐ ☐

児 아이 아

음독 じ
に

育児(いくじ) 육아 | 児童(じどう) 아동
小児科(しょうにか) 소아과

130
☐ ☐ ☐

岸 언덕 안

훈독 きし
음독 がん

川岸(かわぎし) 강변
海岸(かいがん) 해안
彼岸(ひがん) 피안(춘분이나 추분의 전후 각 3일을 합한 7일)

131 **額** 이마 액

훈독 ひたい
음독 がく

額(ひたい) 이마
金額(きんがく) 금액 | 高額(こうがく) 고액

132 **養** 기를 양

훈독 やしなう
음독 よう

子(こ)を養(やしな)う 자식을 기르다
養成(ようせい) 양성 | 養子(ようし) 양자 | 栄養(えいよう) 영양

133 **漁** ★ 고기 잡을 어

음독 ぎょ
りょう

漁船(ぎょせん) 어선 | 漁村(ぎょそん) 어촌
漁師(りょうし) 어부

134 **逆** ★ 거스를 역

훈독 さか
さからう
음독 ぎゃく

逆立(さかだ)ち 물구나무서기
上司(じょうし)に逆(さか)らう 상사를 거역하다, 상사에게 반항하다
逆(ぎゃく) 반대, 역 | 逆転(ぎゃくてん) 역전 | 逆効果(ぎゃくこうか) 역효과

135 **歴** 지낼 역

음독 れき

歴史(れきし) 역사 | 学歴(がくれき) 학력 | 経歴(けいれき) 경력

136 **延** 늘일 연

훈독 のびる
のばす
のべる
음독 えん

会議(かいぎ)は来週(らいしゅう)に延(の)びる 회의는 다음 주로 연기되다
寿命(じゅみょう)を延(の)ばす 수명을 연장시키다
手(て)を延(の)べる 손을 뻗치다
延期(えんき) 연기 | 延長(えんちょう) 연장 | 遅延(ちえん) 지연

137 **沿** 물 따라갈 연

훈독 そう
음독 えん

川(かわ)に沿(そ)って下(くだ)る 강을 따라 내려가다
沿海(えんかい) 연해 | 沿岸(えんがん) 연안 | 沿革(えんかく) 연혁

138 ☐ ☐ ☐

燃
탈 연 ★

훈독 もえる / もやす / もす

음독 ねん

ごみが燃(も)える 쓰레기가 타다

落(お)ち葉(ば)を燃(も)やす 낙엽을 태우다

燃(も)せるごみを出(だ)す 태울 수 있는 쓰레기를 밖에 내어 놓다

燃料(ねんりょう) 연료, 땔감 | 燃焼(ねんしょう) 연소

---

139 ☐ ☐ ☐

染
물들 염 ★

훈독 そめる / そまる / しみる / しみ

음독 せん

髪(かみ)を黒(くろ)く染(そ)める 머리를 검게 염색하다

手が黒(くろ)く染(そ)まる 손이 검게 물들다

インクが紙(かみ)に染(し)みる 잉크가 종이에 번지다

染(し)み 얼룩, 검버섯 | 染(し)みが落(お)ちない 얼룩이 빠지지 않다

染料(せんりょう) 염료 | 汚染(おせん) 오염 | 感染(かんせん) 감염 | 伝染(でんせん) 전염

---

140 ☐ ☐ ☐

預
맡길 예 ★

훈독 あずける / あずかる

음독 よ

荷物(にもつ)を預(あず)ける 짐을 맡기다

二年生(にねんせい)を預(あず)かっている 2학년을 맡고 있다

預金(よきん) 예금 | 預言(よげん) 예언('予言(よげん)'으로도 쓰임)

---

141 ☐ ☐ ☐

誤
그르칠 오

훈독 あやまる

음독 ご

道(みち)を誤(あやま)る 길을 잘못 들다

誤解(ごかい) 오해 | 誤算(ごさん) 오산 | 誤差(ごさ) 오차

---

142 ☐ ☐ ☐

勇
날랠 용

훈독 いさむ

음독 ゆう

喜(よろこ)び勇(いさ)む 기뻐서 신바람이 나다 |

勇(いさ)んで出(で)かける 힘차게 출발하다

勇気(ゆうき) 용기 | 勇士(ゆうし) 용사

---

143 ☐ ☐ ☐

熊
곰 웅

훈독 くま

熊(くま) 곰 | 熊本(くまもと) 구마모토(규슈 지방 중서부에 있는 현)

144
源
근원 원

훈독 みなもと
음독 げん

源(みなもと) 수원, 근원, 기원

源泉(げんせん) 원천 | 資源(しげん) 자원 | 電源(でんげん) 전원 | 財源(ざいげん) 재원

145
媛
여자 원

훈독 ひめ
음독 えん

媛(ひめ) 여성에 대한 미칭(상용한자로는 '姫(ひめ)'를 씀) |

愛媛(えひめ) 에히메(시코쿠 지방의 북서부 현)

才媛(さいえん) 재원

146
委
맡길 위

훈독 ゆだねる
음독 い

全権(ぜんけん)を委(ゆだ)ねる 전권을 맡기다

委員(いいん) 위원 | 委員会(いいんかい) 위원회 | 委任(いにん) 위임

147
衛
지킬 위

음독 えい

衛生(えいせい) 위생 | 衛星(えいせい) 위성 | 防衛(ぼうえい) 방위

148
遺 ★
남길 유

음독 い
ゆい

遺産(いさん) 유산 | 遺伝(いでん) 유전 | 遺族(いぞく) 유족

遺言(ゆいごん) 유언

149
幼 ★
어릴 유

훈독 おさない
음독 よう

幼(おさな)い 어리다, 미숙하다

幼児(ようじ) 유아 | 幼虫(ようちゅう) 요충 | 幼年(ようねん) 유년

150
衣 ★
옷 의

훈독 ころも
음독 い

衣替(ころもがえ) 옷을 갈아입음

衣服(いふく) 의복 | 衣類(いるい) 의류 | 衣装(いしょう) 의상

151	仁 어질 인	음독 じん / に	仁義(じんぎ) 인의, 사람의 도리 | 仁愛(じんあい) 인애 仁王(におう) 인왕, 금강신
152	賃 품삯 임	음독 ちん	賃金(ちんきん) 임금 | 家賃(やちん) 집세 | 賃貸(ちんたい) 임대
153	滋 불을 자	음독 じ / し	滋養(じよう) 자양 滋賀(しが) 시가(긴키 지방의 동북부 현)
154	磁 자석 자 ★	음독 じ	磁石(じしゃく) 자석 | 磁気(じき) 자기 | 磁針(じしん) 자침, 자석의 바늘
155	茨 지붕일 자	훈독 いばら	茨(いばら) 가시나무 | 茨の道(いばらのみち) 가시밭길 茨城(いばらぎ) 이바라기(간토 지방 동북부의 현)
156	蚕 누에 잠	훈독 かいこ / 음독 さん	蚕(かいこ) 누에 蚕糸(さんし) 잠사 | 蚕業(さんぎょう) 잠업 | 養蚕(ようさん) 양잠
157	蔵 감출 장	훈독 くら / 음독 ぞう	お蔵入り(おくらいり) (발표·공개되지 않고) 처박힘, 계획이 보류됨 お蔵入りになった映画(おくらいりになったえいが) 사장된 영화 貯蔵(ちょぞう) 저장 | 冷蔵庫(れいぞうこ) 냉장고

158 **装** ★ 꾸밀 장

훈독 よそおう
음독 そう

客を装う(きゃくをよそおう) 손님을 가장하다
服装(ふくそう) 복장 | 包装(ほうそう) 포장 | 装置(そうち) 장치

159 **障** 막을 장

훈독 さわる
음독 しょう

目障り(めざわり) 눈에 거슬림
故障(こしょう) 고장 | 保障(ほしょう) 보장 | 障害(しょうがい) 장애, 장해

160 **臓** 오장 장

음독 ぞう

心臓(しんぞう) 심장 | 内臓(ないぞう) 내장 | 臓器利殖(ぞうきいしょく) 장기이식

161 **腸** 창자 장

음독 ちょう

胃腸(いちょう) 위장 | 大腸(だいちょう) 대장

162 **帳** 장막 장

음독 ちょう

手帳(てちょう) 수첩 | 日記帳(にっきちょう) 일기장 | 几帳面(きちょうめん) 착실하고 꼼꼼함

163 **裁** 옷마를 재

훈독 たつ
さばく
음독 さい

裁つ(たつ) 마르다, 재단하다
裁く(さばく) 판가름하다, 재판하다
裁判(さいばん) 재판 | 裁縫(さいほう) 재봉 | 裁量(さいりょう) 재량

164 **貯** 쌓을 저

음독 ちょ

貯金(ちょきん) 저금 | 貯金箱(ちょきんばこ) 저금통 | 貯水池(ちょすいち) 저수지

165
績
길쌈할 적

음독 せき

成績(せいせき) 성적 | 実績(じっせき) 실적 | 功績(こうせき) 공적

---

166 ★
敵
대적할 적

훈독 かたき
음독 てき

敵(かたき) 적수, 원수

敵手(てきしゅ) 적수 | 素敵(すてき) 근사함 | 匹敵(ひってき) 필적

167
笛
피리 적

훈독 ふえ
음독 てき

口笛(くちぶえ) 휘파람

汽笛(きてき) 기적

---

168 ★
銭
돈 전

훈독 ぜに
음독 せん

小銭(こぜに) 잔돈

金銭(きんせん) 금전 | 銭湯(せんとう) 대중목욕탕

169
専
오로지 전

훈독 もっぱら
음독 せん

専ら(もっぱら) 오로지, 한결같이

専門(せんもん) 전문 | 専業(せんぎょう) 전업 | 専攻(せんこう) 전공 | 専念(せんねん) 전념

---

170 ★
接
이을 접

훈독 つぐ
음독 せつ

骨(ほね)を接(つ)ぐ 뼈를 잇다, 접골하다

直接(ちょくせつ) 직접 | 面接(めんせつ) 면접 | 隣接(りんせつ) 인접

---

171 ★
整
가지런할 정

훈독 ととのえる
ととのう
음독 せい

机(つくえ)の上(うえ)を整(ととの)える 책상 위를 정리하다

材料(ざいりょう)が整(ととの)う 재료가 구비되다

整理(せいり) 정리 | 整頓(せいとん) 정돈 | 調整(ちょうせい) 조정

172	停 ★ 머무를 정	음독 てい	停止(ていし) 정지 ｜ バス停(てい) 버스정류장 ｜ 停留所(ていりゅうじょ) 정류장
173	井 ★ 우물 정	훈독 い 음독 せい しょう	井戸(いど) 우물 ｜ 福井(ふくい) 후쿠이(일본 중부 지방 서남부에 있는 현) 市井(しせい) 시정, 거리, 서민 사회 天井(てんじょう) 천정
174	丁 장정 정	훈독 てい 음독 ちょう	丁重(ていちょう) 정중, 극진함 ~丁目(ちょうめ) 거리 단위, ~가(街)
175	頂 정수리 정	훈독 いただき いただく 음독 ちょう	頂(いただき) (산의) 꼭대기, 정상 頂(いただ)く 받들다, 'もらう(받다)·食(た)べる(먹다)·飲む(마시다)'의 공손한 말 頂上(ちょうじょう) 정상 ｜ 頂点(ちょうてん) 정점 ｜ 絶頂(ぜっちょう) 절정
176	諸 모두 제	음독 しょ	諸島(しょとう) 제도 ｜ 諸君(しょくん) 제군, 여러분 ｜ 諸般(しょはん) 제반
177	潮 밀물 조	훈독 しお 음독 ちょう	潮時(しおどき) 조수가 들고 날 때, 적당한 때 潮流(ちょうりゅう) 조류 ｜ 風潮(ふうちょう) 풍조 ｜ 思潮(しちょう) 사조, 사상의 흐름
178	照 비칠 조	훈독 てる てらす てれる 음독 しょう	日(ひ)が照(て)る 해가 비치다 ライトで舞台(ぶたい)を照(て)らす 라이트로 무대를 비추다 告白(こくはく)されて照(て)れる 고백을 받아 수줍어하다 照明(しょうめい) 조명 ｜ 参照(さんしょう) 참조

179 □ □ □

操 잡을 조

훈독 みさお / あやつる
음독 そう

操(みさお)を守(まも)る 지조(절개)를 지키다
五(ご)か国語(こくご)を自由(じゆう)に操(あやつ)る 5개 국어를 자유롭게 구사하다
操作(そうさ) 조작 | 体操(たいそう) 체조 | 操縦(そうじゅう) 조종

180 □ □ □

条 조목 조

음독 じょう

条件(じょうけん) 조건 | 条約(じょうやく) 조약 | 信条(しんじょう) 신조

181 □ □ □

宗 마루 종

훈독 むね
음독 しゅう / そう

節約(せつやく)を宗(むね)とする 절약을 제일로 하다
宗教(しゅうきょう) 종교 | 宗派(しゅうは) 종파
宗家(そうけ) 종가

182 □ □ □

縦 세로 종 ★

훈독 たて
음독 じゅう

縦書(たてが)き 세로쓰기
縦横(じゅうおう) 종횡 | 縦断(じゅうだん) 종단

183 □ □ □

従 좇을 종 ★

훈독 したがう / したがえる
음독 じゅう / しょう / じゅ

事情(じじょう)に従(したが)って 사정에 따라서
敵(てき)を従(したが)える 적을 복종시키다
従業員(じゅうぎょういん) 종업원 | 従来(じゅうらい) 종래 | 服従(ふくじゅう) 복종
追従(ついしょう) 아첨 | 従容(しょうよう) 종용
従(じゅ) 벼슬의 하나 | 従三位(じゅさんみ) 종삼품

184 □ □ □

佐 도울 좌

음독 さ

補佐(ほさ) 보좌 | 佐賀(さが) 사가(규슈 지방 북서부에 있는 현)

185
州
고을 주
훈독 す
음독 しゅう

三角州(さんかくす) 삼각주
本州(ほんしゅう) 혼슈(일본 열도의 주되는 가장 큰 섬) | 九州(きゅうしゅう) 규슈

186
株 ★
그루 주
훈독 かぶ

株式(かぶしき) 주식 | 株式会社(かぶしきがいしゃ) 주식회사 |
株価(かぶか) 주가 | 株主(かぶぬし) 주주

187
周
두루 주
훈독 まわり
음독 しゅう

周(まわ)りの人(ひと)たち 주변 사람들
周辺(しゅうへん) 주변 | 円周(えんしゅう) 원주 | 周囲(しゅうい) 주위

188
奏
아뢸 주
훈독 かなでる
음독 そう

奏(かな)でる 연주하다, 거문고·바이올린을 타다
演奏(えんそう) 연주 | 合奏(がっそう) 합주

189
準 ★
준할 준
음독 じゅん

水準(すいじゅん) 수준 | 準備(じゅんび) 준비 | 準決勝(じゅんけっしょう) 준결승

190
衆 ★
무리 중
음독 しゅう
しゅ

公衆(こうしゅう) 공중 | 観衆(かんしゅう) 관중 | 聴衆(ちょうしゅう) 청중
衆生(しゅじょう) 불교 중생

191
蒸
찔 증
훈독 むれる
むらす
むす
음독 じょう

蒸(む)れる天気(てんき) 무더운 날씨
ご飯(はん)を蒸(む)らす 밥을 뜸들이다
蒸(む)し暑(あつ)い 무덥다
蒸気(じょうき) 증기 | 蒸発(じょうはつ) 증발 | 水蒸気(すいじょうき) 수증기

192 **至** 이를 지
□ □ □

훈독 いたる
음독 し

今(いま)に至(いた)るまで 지금에 이르기까지
至急(しきゅう) 지급, 급함 | 夏至(げし) 하지 | 冬至(とうじ) 동지

193 **織** 짤 직
□ □ □

훈독 おる
음독 しょく
しき

機(はた)を織(お)る 베를 짜다 | 織物(おりもの) 직물
織女(しょくじょ) 직녀
組織(そしき) 조직

194 **札** 편지 찰
□ □ □

훈독 ふだ
음독 さつ

名札(なふだ) 명찰
千円札(せんえんさつ) 천엔 지폐 | 改札口(かいさつぐち) 개찰구

195 **倉** 곳집 창
□ □ □

훈독 くら
음독 そう

倉(くら) 곳간, 창고
倉庫(そうこ) 창고

196 **唱** 부를 창
□ □ □

훈독 となえる
음독 しょう

呪文(じゅもん)を唱(とな)える 주문을 외다
異論(いろん)を唱(とな)える 이의를 제기하다
合唱(がっしょう) 합창

197 **創** 비롯할 창
□ □ □

음독 そう

創意(そうい) 창의 | 創作(そうさく) 창작 | 創造(そうぞう) 창조 | 創立(そうりつ) 창립

198 **採** 캘 채
□ □ □

훈독 とる
음독 さい

血(ち)を採(と)る 피를 뽑다
採取(さいしゅ) 채집 | 採点(さいてん) 채점 | 採血(さいけつ) 채혈

199 処 곳 처 음독 しょ

処理(しょり) 처리 | 処分(しょぶん) 처분 | 対処(たいしょ) 대처

200 尺 자 척 음독 しゃく

尺(しゃく) 자, 길이의 단위 | 尺度(しゃくど) 척도 | 縮尺(しゅくしゃく) 축척

201 泉 샘 천 ★ 훈독 いずみ 음독 せん

泉(いずみ) 샘, 샘물, 원천

温泉(おんせん) 온천 | 源泉(げんせん) 원천

202 鉄 쇠 철 ★ 음독 てつ

鉄道(てつどう) 철도 | 地下鉄(ちかてつ) 지하철 | 鉄棒(てつぼう) 철봉

203 庁 관청 청 음독 ちょう

官庁(かんちょう) 관청 | 警視庁(けいしちょう) 경시청 | 県庁(けんちょう) 현청

204 清 맑을 청 ★ 훈독 きよい / きよめる / きよまる 음독 せい

清い(きよい) 맑다, 깨끗하다

清める(きよめる) 맑게 하다, 깨끗이 하다

清まる(きよまる) 맑아지다

清潔(せいけつ) 청결 | 清掃(せいそう) 청소

205 寸 마디 촌 음독 すん

寸前(すんぜん) 직전, 조금 전 | 寸時(すんじ) 촌시, 촌각 | 寸法(すんぽう) 기수, 척도, 순서

206 □□□

総
거느릴 총

음독 そう

総合(そうごう) 총합 | 総会(そうかい) 총회 | 総理(そうり) 총리

207 □□□

推
밀 추

훈독 おす
会長(かいちょう)に推(お)す 회장으로 추대하다

음독 すい
推進(すいしん) 추진 | 推測(すいそく) 추측 | 推理(すいり) 추리 | 推定(すいてい) 추정

208 □□□

縮 ★
줄일 축

훈독 ちぢまる
命(いのち)が縮(ちぢ)まる 수명이 줄어들다

ちぢむ
洗(あら)ったら縮(ちぢ)む 세탁을 하니 줄어들다

ちぢめる
首(くび)を縮(ちぢ)める 목을 움츠리다

ちぢらす
髪(かみ)を縮(ちぢ)らす 머리를 곱슬곱슬하게 하다

ちぢれる
生地(きじ)が縮(ちぢ)れる 천이 줄어들다

음독 しゅく
縮小(しゅくしょう) 축소 | 短縮(たんしゅく) 단축 | 収縮(しゅうしゅく) 수축

209 □□□

忠
충성 충

음독 ちゅう
忠実(ちゅうじつ) 충실 | 忠告(ちゅうこく) 충고 | 忠臣(ちゅうしん) 충신

210 □□□

沖
화할 충

훈독 おき
沖(おき) 먼 바다 | 沖縄(おきなわ) 오키나와

음독 ちゅう
沖積層(ちゅうせきそう) 충적층

211 □□□

測 ★
헤아릴 측

훈독 はかる
長(なが)さを測(はか)る 길이를 재다

음독 そく
予測(よそく) 예측 | 測定(そくてい) 측정 | 観測(かんそく) 관측 | 測量(そくりょう) 측량

번호	한자	읽기	예
212	層 층 층	음독 そう	階層(かいそう) 계층 | 高層(こうそう) 고층 | 断層(だんそう) 단층
213	則 법칙 칙	음독 そく	原則(げんそく) 원칙 | 規則(きそく) 규칙 | 反則(はんそく) 반칙
214	炭 숯 탄	훈독 すみ 음독 たん	炭火(すみび) 숯불 石炭(せきたん) 석탄
215	討 칠 토	훈독 うつ 음독 とう	敵討ち(かたきうち) 복수, 원수를 갚음 討議(とうぎ) 토의 | 討論(とうろん) 토론 | 検討(けんとう) 검토
216	派 갈래 파	음독 は	派生(はせい) 파생 | 特派員(とくはいん) 특파원 | 立派(りっぱ) 훌륭함
217	坂 고개 판	훈독 さか 음독 はん	坂道(さかみち) 언덕길 | 下り坂(くだりざか) 내리막길 急坂(きゅうはん) 가파른 언덕
218	板 널빤지 판 ★	훈독 いた 음독 はん ばん	板前(いたまえ) 요리사 版木(はんぎ) 판목, 인쇄를 위해 새긴 판자 掲示板(けいじばん) 게시판 | 黒板(こくばん) 칠판

219 □ □ □

阪 언덕 **판**

훈독 さか
음독 はん

大阪(おおさか) 오사카(일본 혼슈 세토나이카이의 동쪽에 위치)
阪神(はんしん) 한신(오사카 시와 고베 시)

---

220 □ □ □

版 ★ 판목 **판**

음독 はん

出版(しゅっぱん) 출판 | **初版**(しょはん) 초판 | **版権**(はんけん) 판권

---

221 □ □ □

編 ★ 엮을 **편**

훈독 あむ
음독 へん

セーターを編む(あ) 스웨터를 뜨다
編集(へんしゅう) 편집 | **編成**(へんせい) 편성 | **長編**(ちょうへん) 장편

---

222 □ □ □

陛 대궐 섬돌 **폐**

음독 へい

陛下(へいか) 폐하

---

223 □ □ □

肺 허파 **폐**

음독 はい

肺(はい) 폐, 허파, 마음속 | **肺病**(はいびょう) 폐병 | **肺活量**(はいかつりょう) 폐활량

---

224 □ □ □

暴 ★ 사나울 **폭**

훈독 あばく
あばれる
음독 ばく
ぼう

秘密を暴く(ひみつ, あば) 비밀을 폭로하다
酒に酔って暴れる(さけ, よ, あば) 술에 취해서 난폭하게 굴다
暴露(ばくろ) 폭로
暴力(ぼうりょく) 폭력 | **暴行**(ぼうこう) 폭행 | **乱暴**(らんぼう) 난폭

---

225 □ □ □

俵 나누어줄 **표**

훈독 たわら
음독 ひょう

米俵(こめだわら) 쌀섬
一俵(いっぴょう) 한 섬 | **土俵**(どひょう) 흙을 담은 가마니, 씨름판

226
標
표할 표

음독 ひょう

目標(もくひょう) 목표 | 標的(ひょうてき) 표적

227
皮
가죽 피

훈독 かわ
음독 ひ

皮(かわ) 가죽
表皮(ひょうひ) 표피 | 牛皮(ぎゅうひ) 소가죽 | 皮肉(ひにく) 비꼼

228
荷 ★
멜 하

훈독 に
음독 か

荷物(にもつ) 짐 | 荷作り(にづくり) 짐싸기
出荷(しゅっか) 출하 | 入荷(にゅうか) 입하

229
河
물 하

훈독 かわ
음독 か

河(かわ) 강
河川(かせん) 하천 | 氷河(ひょうが) 빙하 | 大河ドラマ(たいがドラマ) 대하드라마

230
賀
하례할 하

음독 が

年賀状(ねんがじょう) 연하장 | 祝賀(しゅくが) 축하

231
航 ★
배 항

음독 かい

航海(こうかい) 항해 | 航空便(こうくうびん) 항공편 | 運航(うんこう) 운항

232
郷 ★
시골 향

음독 きょう
ごう

故郷(こきょう) 고향 | 帰郷(ききょう) 귀향
在郷(ざいごう) 재향

233 ☐ ☐ ☐
香 향기 향
훈독 かおる
음독 こう / か

香(かお)る 향기가 나다 | 香(かお)り 향기
香水(こうすい) 향수 | 香辛料(こうしんりょう) 향신료
香川(かがわ) 가가와(시코쿠(四国(しこく)) 지방 북동부에 있는 현)

---

234 ☐ ☐ ☐
憲 법 헌
음독 けん

憲法(けんぽう) 헌법 | 合憲(ごうけん) 합헌 | 立憲(りっけん) 입헌

---

235 ☐ ☐ ☐
穴 구멍 혈
훈독 あな
음독 けつ

穴場(あなば) (남이 잘 모르는) 좋은 자리 | 落(お)とし穴(あな) 함정
墓穴(ぼけつ) 묘혈, 무덤

---

236 ☐ ☐ ☐
湖 호수 호 ★
훈독 みずうみ
음독 こ

湖(みずうみ) 호수
湖水(こすい) 호수 | 湖畔(こはん) 호반

---

237 ☐ ☐ ☐
貨 재물 화
음독 か

貨幣(かへい) 화폐 | 雑貨(ざっか) 잡화 | 百貨店(ひゃっかてん) 백화점

---

238 ☐ ☐ ☐
皇 임금 황
음독 こう / おう

皇室(こうしつ) 황실 | 皇居(こうきょ) 천황이 사는 곳 | 皇帝(こうてい) 황제
皇子(おうじ) 천황의 아들
예외 天皇(てんのう) 천황

---

239 ☐ ☐ ☐
栃 상수리나무 회
훈독 とち

栃(とち) 칠엽수 | 栃木(とちぎ) 도치기(간토 지방 북부에 있는 내륙 현)

240 ☐☐☐ **横** ★ 가로 **횡**

훈독 よこ
음독 おう

横綱(よこづな) 요코즈나(최고 씨름꾼) | 横書き(よこがき) 가로쓰기
横断(おうだん) 횡단

---

241 ☐☐☐ **孝** 효도 **효**

음독 こう

孝行(こうこう) 효행, 효도 | 親孝行(おやこうこう) 효도, 효도하는 사람 | 不孝(ふこう) 불효

---

242 ☐☐☐ **候** ★ 기후 **후**

음독 こう

季候(きこう) 날씨 | 候補(こうほ) 후보

---

243 ☐☐☐ **厚** 두터울 **후**

훈독 あつい
음독 こう

厚着(あつぎ) 옷을 많이 껴입음
厚生(こうせい) 후생 | 濃厚(のうこう) 농후

---

244 ☐☐☐ **后** 황후 **후**

훈독 きさき
음독 こう

后(きさき) 황후, 왕비
后妃(こうひ) 후비, 왕비 | 皇后(こうごう) 황후 | 皇太后(こうたいごう) 황태후

---

245 ☐☐☐ **揮** 휘두를 **휘**

음독 き

指揮(しき) 지휘 | 発揮(はっき) 발휘